民族紛争

村太郎
Taro Tsukimura

Notus
Boreas
Zephyrus

岩波新書
1431

目次

序章　民族紛争とは何か

パレスチナ自治区ガザ南部のラファで，イスラエルの空爆を受けて上がる黒煙．AFP＝時事，2012年11月21日

「新しい戦争」

二〇〇一年九月一一日の同時多発テロ事件発生は、非国家アクター(行為主体)である国際テロ組織のアルカイダが実行したものである。同時多発テロ事件後、当時のアメリカ大統領ブッシュは、テロへの報復を「新しい戦争」と呼んだ。

人間は実に様々な戦争を経験してきた。これらの戦争に関して我々がまず浮かべるイメージには共通点があるのではないだろうか。それは、戦争の当事者が国家であるという点である。我々が最初にイメージする戦争は国家間戦争なのである。その点では、実際に戦闘を行う「熱戦」だろうと、「冷戦」だろうと同じである。戦争は国家の営みであった。

ブッシュの発言は、それまで国家に限定されていた戦争の当事者を非国家アクターにも拡大し、非国家アクターとの戦いも戦争に含まれるとした。国家対非国家アクター、非国家アクター対非国家アクターという構図による武力紛争は、それまでにも起きていた。しかし、我々は、それらに対しては内戦、内乱、反乱、蜂起といった言葉を当てはめることで、国家間戦争とは明確な一線を画していたのである。従って、それらに関わることは、「内政干渉」であるとして、少なくとも表向きには消極的であった。

しかしながら、冷戦時代以後、武力紛争の大半において、少なくとも一方の当事者は非国家アクターである。武力紛争は、一九八九年から二〇〇九年の間に一三〇件発生しており、そのうちで国家間戦争であったのはわずか八件に過ぎなかった(Wallensteen 2012: 77)。また、国家間戦争に含まれたとされているものでも、本書で取り上げているナゴルノ・カラバフの事例のように、非国家アクターが当事者である紛争から変化していくこともあった。

二つの「新しい戦争」

こうした実情を考慮するならば、二〇〇一年九月一一日の事件以前に、既に「新しい戦争」が大半を占めていたのであった。それを指摘したのが、イギリスの政治学者、メアリー・カルドーの『新戦争論』である。

しかし、同時多発テロ事件以後の対テロ戦争と、以前から存在していた「新しい戦争」との間に大きな違いがあることも確かである。後者における当事者は、民族やそれに代わる何らかの文化的アイデンティティに基づく共同体、あるいはそこからの共通の出自による組織である。集合的アイデンティティが稀薄である国際テロ組織とは異なる。

本書では、民族紛争を取り上げる。文化的アイデンティティが争点とされたり、文化的アイデンティティに深く関連した領域が係争地として浮上したり、あるいは紛争当事者が文化的共同体であったりする紛争である。

最初に、本書のキーワードである「民族」「紛争」「民族紛争」のイメージを明確にしておこう。

民族と国民

民族とは、少なくとも、人間から構成される共同体である。民族とよく似た共同体として、国民がある。民族と国民とはしばしば混同されて使用されてきたが、両者における最大の違いは、民族が同一の文化に基づいて形成される文化的共同体であるのに対して、国民は同一の政治体の下にある政治的共同体であるという点である。

これでは余りにも漠然としているので、以下、イギリスの社会学者、アンソニー・スミスの枠組みを利用しながら、国民と民族の属性を紹介することにしたい。しかしその前に、予め留保しておかなくてはならない点がある。本書では、スミスによるエトニ(ethnie, ethnic community)を民族、ネイション(nation)を国民としているが、スミスが記述している英語と本書の使用言語である日本語との差により、エトニと民族、ネイションと国民、が完全に一致することがないということである。例えば、スミスによれば、ソ連を構成していた最大の政治体（連邦構成共和国）であるロシアのロシア人はネイションである。しかし、我々はそれをロシア国民ではなくロシア民族として捉え、ソ連時代の国民とは「ソ連国民」であると認識している。

言語が違えば、それぞれの単語が意味する内容に差が生まれることは当然である。日本の政治学者、塩川伸明によるように、日本語の「民族」にはエトニ（塩川が使用する用語によれば「エスニシティ」）とネイションの意味が含まれ、「国民」についても同様である。しかしながら、エトニの属性が民族、ネイションの属性が国民のそれにほぼ当てはまることも確かである。

エトニ（民族）とネイション（国民）の属性

スミスによれば、理想型としてのエトニ（本書の「民族」）を構成する属性は、（1）固有の名称、（2）祖先などに関する共通の神話、（3）共有された記憶、（4）独自の文化、（5）故郷との繋がり、（6）何らかの（エリート間の）連帯、という六点である。ネイション（本書の「国民」）の属性は、（1）固有の名称、（2）共通の神話、（3）共有された歴史、（4）独自の公文化、（5）自覚された故郷における居住、（6）共通の法と慣行、という六点である。

かなり乱暴なやり方ではあるが、ネイションにおける(1)～(6)からエトニにおける(1)～(6)について、それぞれ同じ番号ごとに引き算してみる。(1)と(2)についてはほとんど残るものはない。これに対して、(3)から(6)においては共通のものが残る。それが民族と国民との相違の基底に存在する。それは権力やそこから派生するものである。

まず(3)について考えると、歴史は記憶よりも遥かに権力に近い存在である。権力の担い手は、「国史」や「正史」などの歴史を編纂し、それを正統な歴史として認定する。この種の歴史が、歴史的事実から離れて、歪曲・捏造された部分を含むにも拘わらず、真実であるとされることもしばしば生じた。こうした歴史は公教育を通じて公文化を支えることになるのであり、それは(4)における両者の差に繋がるのである。

(5)について言えば、人間が居住している領域は、それがどこであろうと居住可能である限り、攻め込まれる可能性が常在する。領域の安全保障を維持することは、その領域を管轄する権力の担い手によって最も重視される責任である。他方で、領域から外へと人々が出ていくことを留めることも、権力の機能のひとつだろう。最後に(6)である。共通の法と慣行の流通に際して何らかの義務が存在する場合には、その履行を担保する権力が必要とされる。

極言すると、このように民族と国民との相違は、そこに関わる権力の有無から生じているのである。近代以降、その権力がどこに存在していたかといえば、それは国家である。これは、国家こそが国民を規定するという、我々の印象とも非常に整合的である。

紛争とは何か

紛争といえば、軍事衝突、流血、難民の発生といった、剝き出しの暴力の発露と直結して考えられがちである。しかし、紛争の原語である conflict は、必ずしも暴力と直接的に結びつく言葉ではないし、単なる衝突といった「事件」を意味する訳でもない。紛争はある程度の期間は継続するものである。

アメリカの社会心理学者、モートン・ドイッチによれば、conflict とは、当事者の立場や目的などが両立し得ない関係にあり、その関係が既存の枠組みでは解決できないという当事者間の状態を意味するのである。勿論、当事者の矛盾する関係を既存の枠組みで解決できないのであれば、暴力を呼びやすいことは確かであるが、「紛争＝暴力」ではない。日本語においても、法的紛争、労使紛争など、必ずしも暴力と直接的な関係にあるとは限らない紛争の使用例がある。

こうした点を前提とした上で、しかし、本書における「紛争」とは武力紛争とする。どうして、このような面倒な段取りを経るかといえば、「紛争」が意味するところが、論者や文脈によって様々である為に、読者を混乱させる可能性があるからである。

例えば、「紛争管理」と「紛争予防」というタームがある。両者は、紛争の意味次第では同じことを指す。まず「紛争管理」とは紛争がひどくならないように管理することであり、そこでの紛争の意味は当事者間の状態である。他方で、「紛争予防」とは矛盾のある当事者間の状態を現出させないようにすることではなく、武力紛争の発生を予防することである。従って、紛争が武力化しないように管理することでもあるのである。

民族紛争とは民族同士の紛争か

民族紛争という言葉を聞くと、我々は民族同士の武力紛争を考えてしまう。確かに、本書で取り上げた民族紛争について、紛争の構図を単純化すると、シンハラ人対タミル人(スリランカ)、クロアチア人対セルビア人(クロアチア)、ボスニア人対セルビア人対クロアチア人(ボスニア)、フトゥ人対トゥチ人(ルワンダ)、アルメニア人対アゼルバイジャン人(ナゴルノ・カラバフ)、ギリシャ人対トルコ人(キプロス)、アルバニア人対セルビア人(コソヴォ)とすることができ、その方が理解しやすいかもしれない。となれば、民族紛争とはとりあえず、「当事者の少なくとも一方が民族である、一定期間続く武力紛争」と定義することができるかもしれない。

しかし、実態をもう少し丁寧に見ていくと、ことはそう単純ではない。それぞれの民族の陣営は必ずしも結束している訳ではない。相手に対する立場に従って、穏健派と急進派というように内部での意見の対立があることがむしろ当然であり、それが陣営の分裂に繋がることもある。陣営内のリーダーシップ争いなど、政争もあろう。民族紛争においては、敵対する民族との戦闘と並行して、あるいはその前に、まず身内の「敵」を粛清することも多々あるのである。

本書でも、理解を容易にする為に、特に指摘しない限り、紛争の構図を単純化し、民族紛争を、少なくとも一方の当事者が民族である戦いとして描くことがほとんどであるが、その内実については、これまで述べてきたような側面があることを留意して欲しい。

民族紛争の現在

最近、民族紛争が表立って報道されることが少なくなってきた。そうであれば、民族紛争を理解する意義も低下していくのだろうか。答は「否」である。

まず、依然として進行中の民族紛争がある。パレスチナ紛争は第二次世界大戦後において最も注目を集め続けている紛争の代表例であり、一九四八年五月一四日のイスラエル建国宣言後、四度に渡る中東戦争が行われている上に、レバノンを含む地域紛争も生じている。パレスチナ紛争の間、イスラエルの領土や占領地域においては、しばしば「民族浄化」も起きている。こうしたパレスチナ問題は、言うまでもなく、ユダヤ人とアラブ系のパレスチナ人との民族間関係に端を発しているのである。その他にも、例えば、二〇一一年七月九日の南スーダン独立に至る紛争の背景にはアラブ系民族と非アラブ系民族との対立があるし、多数の日本人が犠牲になった二〇一三年一月のアルジェリア人質事件の原因のひとつには、隣国マリの紛争があり、その紛争には、政府に反対する北部のトゥアレグ人による抵抗が密接に関連しているとされる。

次に、解決したかに見える民族紛争の中には「凍結」中のものも多く、それらが再燃することもある。その一例が、国家間戦争に発展した二〇〇八年八月のロシア＝グルジア戦争である。これは、一段落していたと思われていた、グルジア内の「未承認国家」であるアブハジアと南オセチアを巡る紛争が再燃したものである。

最後に、現在は表面化していないが、将来的に民族紛争に発展しかねない事例もある。国際社会主導の戦後復興の過程にある多民族国家、アフガニスタンやイラクにおいては、民族問題が発端となって大規模な武力紛争が再発する可能性が存在する。そもそもタリバン支配に繋がったアフガニスタン紛争は民族紛争の色合いも濃いし、イラクではフセイン時代に弾圧されたクルド人の地域が発展するなど、民族間のバランスが不安定である。また、現在は安定しているかに見えても、深刻な民族問題を抱えているケースもある。例えば、中国ではチベット自治区や新疆ウイグル自治区における民族間の混乱がしばしば報道されているところである。更に「アラブの春」の舞台は、名にし負う多民族地域である。

民族やそれに類する文化的共同体の歴史は古い。文化的に同質な共同体が異質な人々に警戒心を有する「よそ者嫌い」、よそ者を排除しようとする「浄化」、その応酬が実体化した結果としての領土を巡る「陣取り合戦」の歴史も古い。テロリストによる様々な事件についても、その背景に民族問題が絡んでくる場合が少なくない。このように、国際的な問題としての民族紛争は決して消滅した訳でも、解決された訳でもない。

逆説的かもしれないが、民族紛争に関する日々の事件が余り報道されていない現在こそ、民族紛争とじっくりと向き合って、理解を深める好機なのである。

本書の構成

目次を見ればお分かりのように、本書は二部構成となっている。第Ⅰ部では、民族紛争の事例から六つを選び、その概要を紹介している。民族紛争の事例は無数にあり、どのように選択しても、事例紹介としては不十分かもしれない。本書で選んだ六例の共通点は、いずれも現時点で解決、あるいは少なくとも「凍結」されているという点にある。とりあえず、ストーリーが完結している事例である（勿論、「続編」はあるかもしれない）。

第Ⅱ部では、第Ⅰ部で選んだ、六つの民族紛争の事例を中心に、民族紛争をどのように理解することができるかに関する四つの視点を解説している。即ち、民族紛争の発生、予防、成長（激化と拡大）、紛争後、である。解説の材料は第Ⅰ部の事例であるが、一般的な視点を提示できるように心がけているつもりである。

いわば、本書の第Ⅰ部では民族紛争の多様性、第Ⅱ部では民族紛争の事例間における類似性が強調されているとも考えることができる。読者の皆さんがそもそも関心を持っている民族紛争の事例や、様々な報道や書籍で出会う民族紛争の事例とも比べて読んでいただければ、本書での強調点が一層浮き彫りにされるかもしれない。

Ⅰ部　世界各地の民族紛争——六つの事例

第1章　スリランカ

——言語政策と民族紛争——

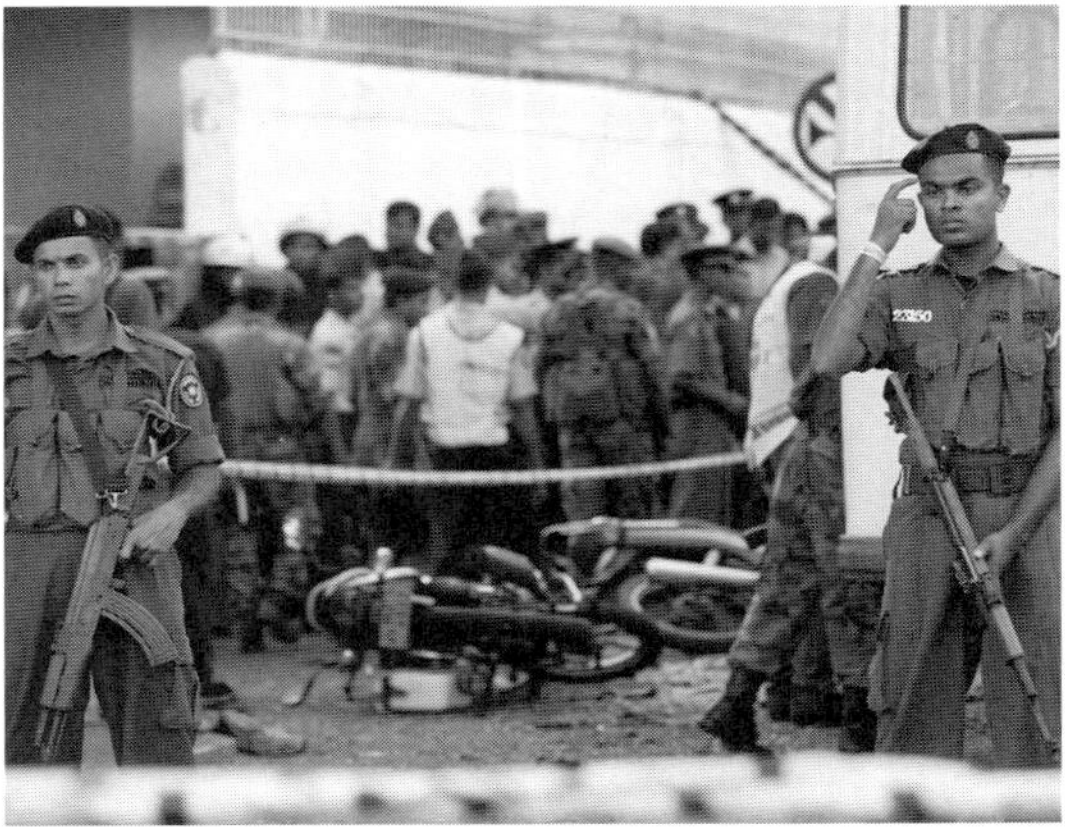

コロンボの空軍本部近くで，自爆テロとみられる爆発が起きた現場に立つ警察官．ロイター＝共同，2009年1月2日

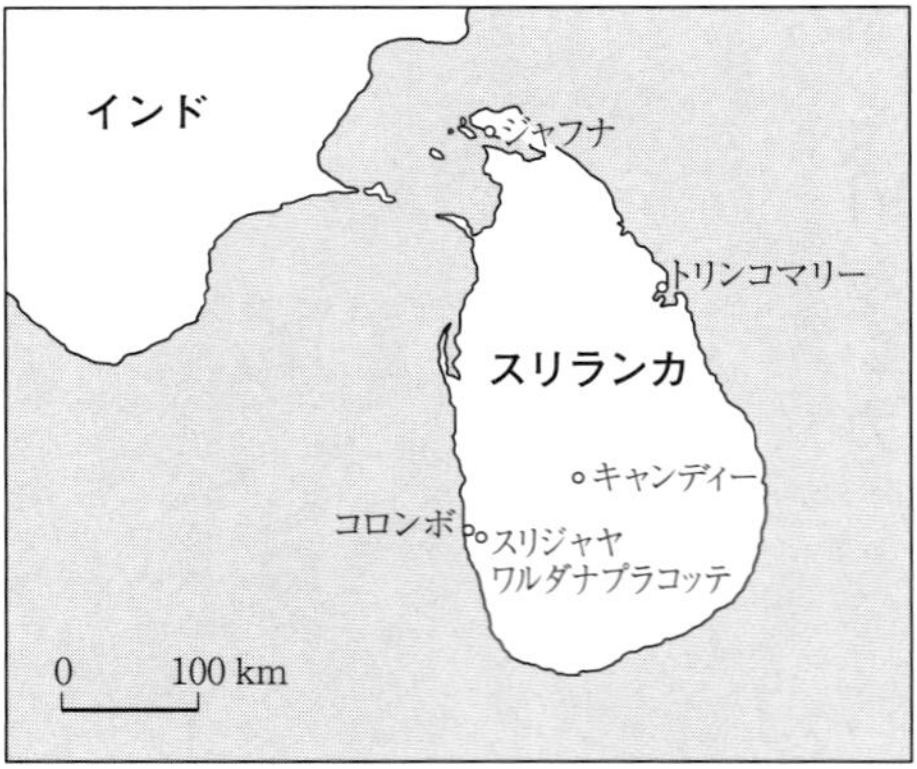
インド
ジャフナ
トリンコマリー
スリランカ
キャンディー
コロンボ
スリジャヤ
ワルダナプラコッテ
0
100 km

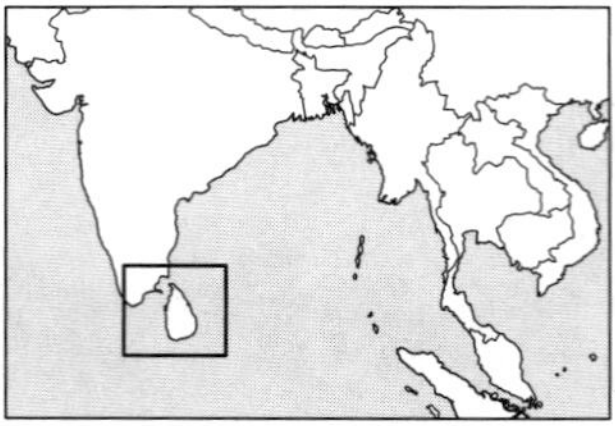

【スリランカ紛争のあらまし】

スリランカにおける民族紛争は一九八三年七月に始まり、断続的に四回に渡って続き、二〇〇九年五月に終了した。実に足かけ二七年の民族紛争であった。

スリランカ紛争の発端は言語を巡る対立である。言語そのものが民族形成において重要な役割を果たす上に、それがしばしば政治的資源へと化すのである。

一九四八年二月の独立以前のスリランカにおける公用語は宗主国イギリスの言語、英語であった。独立後の公用語はシンハラ語とタミル語に決定された。しかし、民族的多数派シンハラ人の一部の政治家は政争に勝利する為にシンハラ民族主義を利用する。そしてシンハラ人民衆を動員する手段として、シンハラ語のみを公用語とする「シンハラ・オンリー政策」が選択されるのである。

民族的少数派のタミル人は当然これに反発する。当初はシンハラ人政治家もタミル人の立場に配慮し、両民族間での協定も何度か締結された。しかし、一九七二年の憲法においてスリランカのシンハラ性が明確に打ち出された為、タミル人はそれまでのスリランカ連邦化によるシンハラ人との「同居」を断念して独立を目指すことになる。テロ組織が設立され、その中心は後の「タミル・イーラム解放の虎」であり、この組織が民族紛争における一方の当事者の中核となっていくのである。

民族紛争が始まると、最初に介入したインドは平和維持活動を展開するが、やがて紛争当事者化し、ノルウェーによる仲介も結実しなかった。シンハラ人中心の政権に対して軍事力に劣るタミル人側は活動内容をテロに集中していく。しかし、これが国際社会の反発を買い、孤立していく。タミル人側では、内紛も発生した。

最終的に、「タミル・イーラム解放の虎」は、スリランカ政府軍の圧倒的な攻撃を受けて殲滅されるのである。

政治的資源としての言語

民族は文化的共同体である。文化を構成する要素としては様々なものがあるが、その中でも、宗教と民族は、仲間と他者とを識別する「彼我化」の機能が優れている。

社会の世俗化が進行するに従って、各種の行事や禁忌などを通じて生活を規定するという宗教の機能は失われつつある。これに対して、言語の彼我化機能は未だ強力である。言語が有する第一の機能は言うまでもなく、コミュニケーションであり、複雑で抽象的な内容を正確に伝えることは、言語を通じてしか行い得ない。コミュニケーションの手段として特定の言語が成員の間で長らく流通していくならば、その言語独特の言い回しやその言語でしか表現できないことが次第に蓄積されてくる。その結果、直接的な意味が同じ単語でも、それが想起させる「情景」が言語によって異なる場合も出てくるのである。そうした「情景」の確認を行うことで、成員間の連帯は一層緊密となる。

従って、言語は容易に民族紛争の争点となる。特に、どの言語を公用語とするかという言語政策を巡る問題は重要となる。多言語地域において、ある特定の言語のみが公用語として採用されるならば、その言語の話者はその他の話者に比べて遥かに容易に、その地域における様々な資源、特に公的資源に対して接近できるのである。

シンハラ人とタミル人

スリランカは、セイロン島を主たる国土とする島国である。面積は約六・五万平方キロメートル、民族紛争発生の直前、一九八一年の人口統計によれば、人口は約一四八〇万人である。民族構成は、シンハラ人七三・九％、以下、タミル人一八・二％（内訳はスリランカ・タミル人一二・七％、インド・タミル人五・五％）、スリランカ・ムスリム七・〇％となっている。

シンハラ人が紀元前五世紀頃にセイロン島に移住してきたのに対して、スリランカ・タミル人とは紀元前三世紀頃に来島してきた人々の末裔で、島の北部と東部に住んでいる（本書におけるタミル人とは、スリランカ・タミル人を指すものとする）。インド・タミル人はイギリス統治時代に紅茶プランテーションの労働力としてインドからやってきた。

スリランカの民族紛争は、主にシンハラ人とタミル人との間で行われたものである。シンハラ人とタミル人とでは、宗教と言語が異なっている。まず宗教については、シンハラ人の多くが上座部仏教徒であるのに対して、スリランカ・タミル人、インド・タミル人共にヒンズー教徒が多い。彼らはスリランカでは少数派だが、インド亜大陸には約五〇〇〇万人の民族的同胞が居住している。尚、スリランカ・ムスリムもタミル語を話すが、民族的アイデンティティをイスラム教に置いている為に、タミル人とは一線を画している。

シンハラ語の起源については色々な説があるが、インド・アーリア語族に属しているという意見が有力である。タミル語はドラヴィダ語族のひとつである。それぞれの言語の文字も全く異なる。

スワバーシャ運動

イギリスがセイロン島全土を統治に置いたのは一九世紀前半であり、公用語は英語であった。その結果、シンハラ人の中で、英語を駆使できる人々が既存のカーストによる階層区分と異なる新たなエリート層を形成し始めた。

英語優先のエリート層形成に反発した人々からは、一九二〇年代頃から現地語を尊重する動きが生まれてきた。「スワバーシャ」(シンハラ語で「自分達の言葉」の意味)運動である。スワバーシャ運動の目的は、当初は教育言語の現地語(シンハラ語、タミル語)化であったが、次第に現地語の公用語化へと拡大していく。

一九三一年には、植民地行政における現地立法機関に当たる国家評議会の議員について、英語を話せることが就任の条件となった。これに不満を持った人々の間でスワバーシャ運動の影響力が増大した結果、国家評議会では、公用語を英語からシンハラ語とタミル語に変更するという決議が一九四四年に採択された。一九四六年には特別委員会による報告が国家評議会に提出され、一〇年間という移行期間の後に公用語をシンハラ語とタミル語にすることが議決されたのである。

スリランカは一九四八年二月に英連邦自治領セイロンとして独立した(セイロンは一九七二年

にスリランカとして完全独立を果たすが、本書では国名を「スリランカ」で統一することにする）。

独立直後の政治的構図

独立後のスリランカでは、主たる政党としてシンハラ人の統一国民党とタミル人の全セイロン・タミル会議が存在していた。独立時のスリランカを担うのは、これら両党の連立政権であり、初代首相には統一国民党のセーナナーヤカが就いた。

しかし、独立直後に政治的構図は大きく変化していった。まずシンハラ人側では、統一国民党の有力者であるバンダーラナーヤカが、セーナナーヤカが示す現地語公用語化への消極的姿勢に対する不満と党内の主導権争いの結果、一九五一年九月にスリランカ自由党を結成する。タミル人の側でも、全セイロン・タミル会議の親シンハラ人的な政治姿勢を批判して、セルワナーヤガムを中心にしてタミル連邦党が一九四八年一二月に結成された。

スリランカ自由党は、シンハラ語、タミル語の二言語公用語化の立場で一九五二年五月の議会選挙を戦って惨敗した為に、党首バンダーラナーヤカは、公用語をシンハラ語のみとする「シンハラ・オンリー政策」を打ち出した。彼にしても、当初はタミル語を完全に排除する訳ではなかったが、「シンハラ・オンリー政策」はシンハラ人の間で熱狂的に受け入れられてしまった。そして、統一国民党もこれに追随せざるを得なくなるのである。

一九五六年四月の議会選挙ではスリランカ自由党が第一党となり、首相にはバンダーラナーヤカが就任した。

二つの協定

バンダーラナーヤカ政権は早くも同年六月に、シンハラ語のみを公用語とする公用語法案を議会に提出し、上下両院を通過させた。タミル人はこれに反発し、議事堂の外で抗議行動を起こした。彼らはシンハラ人の暴徒に襲撃され、これをきっかけに、両民族の衝突は全土へ拡大していった。一九五六年暴動である。

バンダーラナーヤカは、言語政策に関して譲歩することを決意する。一九五七年七月にタミル連邦党のセルワナーヤガムと協定を結ぶのである。この協定の主たる内容は、タミル語の(公用語ではなく)国民語としての承認、タミル人地域である北部州と東部州への地方分権促進、両州の行政用語としてのタミル語導入、などであった。野党に転じていた統一国民党は、そもそもは二言語公用語化の立場であったにも拘わらず、協定を激しく攻撃し、更にバンダーラナーヤカの身内であるスリランカ自由党からも批判が起きてくるのである。スリランカ自由党の重要な支持基盤であった仏教僧からも非難が相次いだ。そして起きたのが、一九五八年暴動であった。バンダーラナーヤカはシンハラ民族主義を抑えきれず、協定を一九五八年四月に破棄する一方で、タミル語の一定程度の使用を認めようとした。しかしこれでも反発は鎮まらず、バンダーラナーヤカは一九五九年九月に仏教僧によって暗殺されるのである。

統一国民党は、一九六〇年三月の議会選挙に勝利したが、連立交渉に失敗して信任されず、再選挙となった。七月の選挙で勝利したのは、タミル連邦党の選挙協力を得たスリランカ自由党であった。しかし、暗殺されたバンダーラナーヤカの夫人で、首相の党首シリマウォ・バンダーラナーヤカ（以下、シリマウォとする）は民族間融和に関するタミル連邦党との約束を反故にし、公用語法の施行に踏み切るのである。タミル連邦党は、ストライキなどの非暴力的な手段で抗議し、シリマウォ政権は強硬な手段で対処した。

シリマウォ内閣はスリランカ自由党内の内紛で崩壊し、代わって成立したのは、統一国民党中心のダッドレイ・セーナナーヤカ（セーナナーヤカの息子、以後、ダッドレイとする）の内閣であった。彼の政権は、一九六五年三月から一九七〇年五月という五年間に渡る長期政権となる。その基調はタミル連邦党との協力であり、その象徴が、一九六五年三月にダッドレイとセルワナーヤガムとの間で結ばれた協定であった。協定は、公用語政策の見直しや地方分権化を内容としていた。しかし、シリマウォ率いるスリランカ自由党は当然に協定を強く批判し、また身内の統一国民党からも批判が相次ぎ、失望したタミル連邦党も閣外協力へと退くのである。

一九七二年憲法

ダッドレイの任期満了後は、シリマウォの再登板であった。シリマウォはスリランカ自由党に加えて、それまで政争から距離を置いていた左派の二政党と統一戦線を結成して選挙に臨み圧勝した。尚、同じく左派の人民解放戦線は選挙ではスリランカ自由党を支持したが政権入りせずに、逆に政権入りした左派政党を「裏切り者」とし、政府に反旗を翻して一九七一年四月に全土で武装蜂起、一万五〇〇〇人の犠牲者を出すのである(人民解放戦線は一九八七年から一九八九年にかけても武装活動を行うが、その後二〇〇四年に政権入りもしている)。

再登板したシリマウォの内閣は、一九七〇年五月から一九七七年七月までの七年間の長期に渡った。しかしその間にシンハラ人とタミル人との関係は修復不可能な段階に至ってしまう。その契機は一九七二年五月公布の新憲法であった。新憲法においては、単一国家としてのスリランカが打ち出され、シンハラ語と仏教の優位性が明文化された。国名がセイロンからシンハラ語表記のスリランカへと変更されたことにも象徴されるように、スリランカのシンハラ性が明確化されたのである。

タミル統一解放戦線と「タミル・イーラム解放の虎」

タミル連邦党は新憲法の制定に強く反対したが、圧倒的多数を占めるシンハラ人議員による「多数派の暴力」の前には無力であった。タミル人の政治勢力は、新憲法の議会通過直前に大同団結を行い、タミル統一戦線を結成した。タミル統一戦線は、タミル人の国家「タミル・イーラム」の建国と分離独立を要求して、一九七六年五月にはタミル統一解放戦線に改称する。争点が言語や文化から、領土というゼロサム的な性質のものへと変化したのである。スリランカの連邦化から分離独立へという目標の急進化である。

目標だけでなく、その実現手段にも変化が見られていく。タミル人政党が重視してきた非暴力的な手段、議会での活動を通じた目標達成に代わり、新たに結成された武装組織における戦術上の重点はテロなどの暴力的な議会外の活動へと移っていくのである。

この時期に生まれた武装組織の中に、一九七二年設立の「タミルの新しい虎」があった。「タミルの新しい虎」は、創設者のひとりであるプラバーカランの主導下、一九七六年五月に「タミル・イーラム解放の虎」へと改編される。そして一九八三年から始まる、スリランカの民族紛争の中心的な組織となるのである。

一九七七年七月の議会選挙で地滑り的勝利を収めた統一国民党のジャヤワルダナ首相は、タミル人の姿勢の急進化に直面し、彼らへの譲歩の必要性を痛感していた。一九七八年九月に公布された憲法では、タミル語の国民語化など、言語における一定の譲歩が示されていた。しかし、時既に遅し、であった。

また一九七八年憲法では、国民の直接投票によって選ばれた大統領が政権を運営することになり、新憲法下の初代大統領には統一国民党のジャヤワルダナが首相から「昇格」した。

一九八三年暴動

一九七〇年代後半から一九八〇年代にかけて、スリランカでは大規模な暴動が頻発している。まず一九七七年八月の暴動である。発端は、タミル人の活動拠点、北部州の中心都市のジャフナで起きた警官と民衆との衝突であった。ジャフナでの衝突は全国各地でのシンハラ人によるタミル人に対する暴行や略奪に繋がっていく。

これ以後、北部州では警官や政党関係者の殺害が相次ぎ、国防省の部隊が一九八一年六月にジャフナを制圧し、タミル統一解放戦線幹部を拘禁した。同年七月末にはジャフナで警官二〇人が殺害される事件が起き、タミル統一解放戦線は関与を否定したが、全国各地で反タミル人暴動が発生した。

最大の暴動は一九八三年七月に発生した。二三日にジャフナで政府軍兵士一三人が殺害され、これに憤ったシンハラ人は首都コロンボでタミル人に対する略奪や放火、暴行、殺害を行ったのである。コロンボの監獄ではシンハラ人の囚人がタミル人の囚人五三人を虐殺した。

ジャヤワルダナは八月四日に憲法改正を行い、分離独立要求を禁止すると共に、分離独立を否定する宣誓を全国会議員に求めた。そしてそれに反発するタミル統一解放戦線所属の国会議員を議会から追放した。

この行動がきっかけとなり、スリランカの民族紛争、イーラム戦争が始まるのである。

第一次イーラム戦争

第一次イーラム戦争では、様々なタミル人武装組織がスリランカ政府軍と交戦しているが、中でも最大の勢力を誇ったのが「タミル・イーラム解放の虎」であった。前述の政府軍兵士一三人殺害も、この組織によるものであった。

政府軍とタミル人武装組織との間では交戦が続き、シンハラ人、タミル人双方の市民が犠牲になる事件が相次いだ。特に、一九八五年五月には北部で両民族あわせて約二〇〇人が犠牲になるという事件が起きた。しかし、これを機に和平の気運が高まる。そして、ジャヤワルダナ大統領とインドのラジーヴ・ガンディー首相が会談した結果、スリランカ政府とタミル人の和平交渉が始まったのである。場所はブータンの首都のティンプーであった。

二回に渡った交渉は物別れに終わったが、この交渉はその後に大きな影響を与えるものであった。第一に、スリランカ政府は、それまで「タミル・イーラム解放の虎」などをテロ組織として交渉相手と認めてこなかったが、ティンプー交渉に参加したことは、この組織が交渉適格者として認められたことを示す。

第二に、スリランカ政府の意向の変化にはインドが大きな影響を与えていた。対岸のインド、タミル・ナードゥ州にはタミル人の武装組織の兵站基地があったし、「タミル・イーラム解放の虎」のリーダーのプラバーカランも当初はタミル・ナードゥ州から指揮を執っていた。そのインドの中央政府が正式に関与し始めたのである。その結果が、インド＝スリランカ和平合意であり、それに基づくインド軍の平和維持活動であった。

インド＝スリランカ和平合意

懸案はインドとスリランカの二国間交渉で処理されることとなり、一九八七年七月二九日には、ジャヤワルダナ大統領とガンディー首相との間で和平合意が締結された。こうしてひとまず、第一次イーラム戦争は終了した。

和平合意の内容にはインドの意向が強く反映された。スリランカの主権・領土保全と共に、多民族・多言語性が承認された上で、北部州と東部州とがタミル人の歴史的居住地域として認められ、両州を北部・東部州として統一的な地方暫定政府下に置き、その将来を住民投票に委ねることとした。また和平合意締結後七二時間以内にタミル人武装組織の武装解除が行われることも約束された。更に、スリランカの公用語として、シンハラ語と並んでタミル語と英語が列記されることとなった。

合意の文言からは、分離独立こそ実現できないとしても、タミル人がほぼ勝利したと考えることができる。しかし「タミル・イーラム解放の虎」はこれを機に、タミル人の政治組織間において独裁的権力の確保を狙い、地方暫定政府の幹部において絶対多数の割り当てが約束されていたにも拘わらず、合意を拒否した。武装解除も徹底されなかった。

インド軍による平和維持活動

和平合意の付属文書には、必要が生じた場合はインド平和維持軍が派遣される旨が明記されていた。和平合意締結の翌日には、早くも三〇〇〇人のインド平和維持軍の第一陣が到着した。しかし、到着直後から、「タミル・イーラム解放の虎」との間で小規模な戦闘が始まり、一〇月には、インド軍は紛争当事者化してしまった。駐留インド軍の兵員数は最大時で一〇万人とされる。「タミル・イーラム解放の虎」の戦闘員数は二五〇〇人からせいぜい六〇〇〇人であり、インド軍は一〇分の一以下の非正規兵を相手にしたゲリラ戦に苦戦を続けるのである。

他方で、和平合意を支持するタミル人組織はインド軍と協力して現地行政を担う。一九八八年一一月に実施された北部・東部州評議会選挙で勝利したイーラム人民革命解放戦線が北部・東部州政府を樹立しつつあった。これは「タミル・イーラム解放の虎」にとって由々しき問題であり、「タミル・イーラム解放の虎」はインド軍の早期撤退を望むのである。

インド軍の早期撤退を願うのは「タミル・イーラム解放の虎」だけではなかった。スリランカ政府も次第に同じ立場になっていくのである。スリランカ政府の当初の胸算用は、インド軍が「タミル・イーラム解放の虎」と戦闘している間に、和平合意に従うタミル人組織に対して北部・東部州の自治を与え、長年の戦闘によって荒廃した地域の復興を進めるというものであった。しかし、和平合意に従うタミル人組織が当てにしたのは、スリランカ政府ではなくインド軍であった。

こうして、理由は異なるとはいえ、両者はインド軍の撤退を求めるという点で一致を見たのである。首相のプレマダサは一九八九年一月にジャヤワルダナから大統領職を引き継ぎ、「タミル・イーラム解放の虎」との交渉を続け、六月に停戦合意が結ばれた。

焦った北部・東部州暫定政府は、一九九〇年三月一日に「タミル・イーラム」の独立を宣言したが、「タミル・イーラム解放の虎」に圧倒された。インド平和維持軍は三月二四日までにスリランカから撤退した。インド政府は平和維持活動が失敗であることを認め、プラバーカランも三年ぶりにジャングルから姿を現した。

第二次・第三次イーラム戦争

一九九〇年六月初め、北部・東部州において政府軍と「タミル・イーラム解放の虎」が衝突した。停戦合意は破棄され、第二次イーラム戦争が始まった。九月になると、「タミル・イーラム解放の虎」は、政府軍による支配を象徴する拠点となっていたジャフナの要塞を陥落させ、その後も各地の政府軍基地を奪取していき、ムスリムに対する攻撃も開始した。更に、それまでも行われていた要人へのテロ活動が一層活発化し、ガンディー元インド首相を始めとして内外の政府・軍の要人が次々とテロに倒れ、プレマダサ大統領も一九九三年五月一日に自爆テロの犠牲となったのである。

一九九四年一一月に大統領に就任したスリランカ自由党のクマラトゥンガは、一九九五年一月に停戦合意にこぎ着けるも三カ月後に合意は崩壊し、第三次イーラム戦争が始まった。そして、政府が一九九五年七月より大規模な掃討作戦を開始して、一二月にはジャフナを奪還すると、「タミル・イーラム解放の虎」は再びゲリラ戦を展開する為にジャングルに逃げ込んだ。

一九九六年に入ると、「タミル・イーラム解放の虎」は攻勢に出る。一月末には最大都市コロンボで自爆テロ事件を起こし、市民一〇〇人近くが死亡、五〇〇人が負傷した。また七月には政府軍の基地を奇襲し、政府軍兵士約一二〇〇人を殺害したのである。しかし、この市民を巻き込んだ大規模テロ事件が国際社会の批判を呼び込むことになる。政府軍の反攻も七月末に始まり、「タミル・イーラム解放の虎」の北部の拠点は九月末に陥落した。しかしテロ活動はその後も続き、一九九九年一二月にはクマラトゥンガ大統領が自爆テロに遭い、右目を負傷するという事件が発生した。政府寄りのタミル人も多数、テロの犠牲となっていった。

和平への動き

「タミル・イーラム解放の虎」は兵員の数の上では圧倒的に劣勢であったが、豊富な資金源を有していた。民族的同胞の世界的ネットワークを通じた送金である。しかし、テロ活動の結果、各国で「タミル・イーラム解放の虎」への姿勢が硬化し始めていた。「タミル・イーラム解放の虎」は危機感を持ち、ノルウェーへ仲介を依頼する一方で、二〇〇〇年一二月二四日から一カ月停戦を実施した。スリランカ政府は攻撃を止めなかったが、「タミル・イーラム解放の虎」は曲がりなりにも四月末まで停戦を続けた。しかし、政府では急進派と穏健派の合意が達成されず、ノルウェーの仲介は失敗に終わった。

政府側で和平交渉開始へと潮目が変わったのは、二〇〇一年五月、中部においてシンハラ人とムスリムとの衝突が生じ、それが東部に飛び火した事件であった。これにより、ムスリム政党が連立政権を離脱し、与党スリランカ自由党の内紛もあった為に、政府不信任決議の可決を免れない事態となった。大統領の選択は議会解散であった。同年一二月、選挙の結果を受けて、統一国民党のウィクレマシンハ首相が誕生し、スリランカ自由党のクマラトゥンガは任期が残っている為に大統領に留任した。新たに成立した統一国民党中心の連立政権にとって、最優先の課題は民族紛争の解決であった。

政府はノルウェーに仲介活動を求め、二〇〇二年二月には停戦合意が達成された。そして三月初めから、スリランカ停戦監視団が展開し始めたのである。大統領は自身が関与しなかった停戦合意に不満を漏らしていたが、大勢には抗し難かった。和平交渉も六回に渡って開かれた。「タミル・イーラム解放の虎」は武装解除していないままではあったが、和平プロセスは概ね順調に進んでいるかのように思われた。

この間に停戦合意違反などもあったが、和平プロセスが中断することはなかった。「タミル・イーラム解放の虎」はその要求を分離独立からトーンダウンさせ、スリランカの連邦化も認めていた。和平合意も間近であると思われた。

両陣営の内紛

和平プロセスは順調に進んでいたとはいえ、いざ北部・東部州の問題を取り上げる段階になると、「タミル・イーラム解放の虎」は和平交渉から離れ、交渉は二〇〇三年四月に中断してしまった。

また、スリランカ政府、「タミル・イーラム解放の虎」の双方において内紛が存在していた。政府側では、野党スリランカ自由党出身のクマラトゥンガ大統領と与党統一国民党出身のウィクレマシンハ首相との間で軋轢が表面化していた。大統領は首相に対抗して、二〇〇三年一一月四日の晩に、国防相、内務相、情報相という治安関連の大臣を更迭すると同時に政府軍と警察を動員し、翌一一月五日には非常事態宣言を発令したのである。

内紛は「タミル・イーラム解放の虎」側でも深刻であった。組織の拠点は北部と東部に分かれていたが、東部のリーダーであったカルナが、「タミル・イーラム解放の虎」議長で北部出身者のプラバーカランから二〇〇四年三月に離反したのである。カーストに由来する北部からの差別に反発を強めていた東部のカルナ・グループの離脱は、プラバーカランのリーダーシップの維持、和平プロセスの進展にとって大きな痛手であった。

ラージャパクセの登場

二〇〇四年一二月二六日にスマトラ沖地震による津波がスリランカを襲った。地震と津波の犠牲者数は世界で二十数万人となり、有史以来、世界有数の規模となった。スリランカでも、政府発表で三万五〇〇〇人以上が犠牲になったのである。未曽有の国家的危機に対応するには挙国一致体制が必要であったが、政治的現実はそれには程遠かった。

二〇〇五年は大統領の任期満了の年であった。クマラトゥンガは憲法の三選禁止規定の為に出馬できず、一一月の大統領選挙は、スリランカ自由党のラージャパクセと統一国民党のウィクレマシンハとの事実上の一騎打ちとなった。ラージャパクセは二〇〇四年四月の選挙による政権交代後に首相に就任しており、新旧首相の対決でもあった。

大統領選挙戦では、和平プロセスが最大の争点であった。和平プロセスを進めてきたウィクレマシンハがそれまでの実績を強調するのに対して、ラージャパクセは単一国家としてのスリランカの維持を掲げ、和平プロセスの見直しを主張した。

選挙の結果は、僅差でラージャパクセが大統領に当選したのである。

停戦合意の崩壊

大統領就任直後のラージャパクセは、和平交渉に対して柔軟な路線を選択していた。しかし、彼の政権は連立政権であり、仏教僧主導の政党やシンハラ民族主義色の濃い政党が政権に参加していた。自身も、シンハラ人の多い南部出身の非エリートであった。ラージャパクセは、「タミル・イーラム解放の虎」との軍事対決も辞さない強硬な姿勢に転じていくのである。

ラージャパクセは当初、ノルウェーに仲介を依頼し、二〇〇三年四月以来中断していた政府と「タミル・イーラム解放の虎」との和平交渉が二〇〇六年に二回に渡って行われたが、進展は全く見られなかった。双方共に、全く進まない和平プロセスに辟易していた。この間、「タミル・イーラム解放の虎」からの攻撃はむしろ増加しており、急進派にとって、圧倒的に軍事上優位にある政府軍が攻撃を許していることに我慢がならなかった。二〇〇二年二月の停戦合意も、事実上、崩壊していた。スリランカの民族紛争は最終局面を迎える。

第四次イーラム戦争

戦闘は、二〇〇六年七月の政府軍による空爆によって再開された。政府軍は二〇〇六年一〇月、東部への攻撃を開始し、二〇〇七年七月に完全制圧に成功した。東部は、一四年間の「タミル・イーラム解放の虎」による支配から解放されたのである。政府軍の成功には、プラバーカランから離れたカルナのグループの参加が大きかった。政府軍は北部への攻撃も始めた。劣勢の「タミル・イーラム解放の虎」はテロ活動で対抗するしかなかった。しかし、テロ活動を行えば行う程、国際社会の批判に直面するというジレンマが「タミル・イーラム解放の虎」を待っていた。国外からの送金に頼っていた「タミル・イーラム解放の虎」は、いよいよ手詰まりの状態に陥っていくのである。

政府は二〇〇八年一月三日に停戦合意を一方的に破棄し、政府軍は「タミル・イーラム解放の虎」に対する最後の大攻勢に乗り出す。政府軍は二手に分かれて、北部に陣取る「タミル・イーラム解放の虎」に迫っていった。一方は西海岸を北上し、同年一一月には、北端ジャフナとの間が西海岸伝いで繋がった。他方は内陸部を北上する。こちらも快進撃を続け、二〇〇九年春には、「タミル・イーラム解放の虎」は北東部沿岸のジャングルに追い込まれたのである。

スリランカ政府は四月二一日に、二四時間以内の降伏を求める最後通牒を突き付けた。「タミル・イーラム解放の虎」はこれに対して、二六日に一方的な停戦を表明したが、政府はそれを受け入れず、海岸線を包囲した上で最後の攻撃を仕掛けた。「タミル・イーラム解放の虎」は五月一七日に殲滅された。プラバーカランの死は五月一八日に確認され、ラージャパクセ大統領は一九日に戦闘終了を宣言した。

足かけ二七年間続いたスリランカ紛争は、政府の勝利という形で幕を閉じた。

エピローグ

ラージャパクセは二〇一〇年一月の大統領選挙にも勝利した。しかし、彼が直面するポスト紛争期の課題は非常に解決が難しい。その主たるものとして、まずは二つの難問が指摘できるだろう。

第一は、紛争終了時に政府軍が、「タミル・イーラム解放の虎」の戦闘員のみならず、タミル人市民に対しても行った非人道的行為である。紛争終了時に多数のタミル人が戦闘に巻き込まれて死亡しているが、政府は事実の解明にきわめて消極的である。このことは、民族間の和解の妨げになると同時に、戦後復興に最も必要な外国からの援助にブレーキをかける原因ともなり得る。

第二は、タミル人の居住地域であり、戦闘の主要な舞台であったかつての北部・東部州（現在の北部州と東部州）の復興である。両州の復興はタミル人に対する宥和に繋がるだろうし、シンハラ人のタミル人に対する差別の解消、国内の民族間の和解に至る道筋の出発点でもある。しかし現状では、そうした地域復興へ外国資本が投下される見込みは非常に低い。

第2章　クロアチアとボスニア
――民族紛争予防の失敗――

米オハイオ州デイトンで，合意文書に仮調印後，拍手する首脳ら．左からミロシェヴィッチ・セルビア大統領，イゼトベゴヴィッチ・ボスニア大統領，トゥジマン・クロアチア大統領，クリストファー米国務長官．ロイター＝共同，1995年11月22日

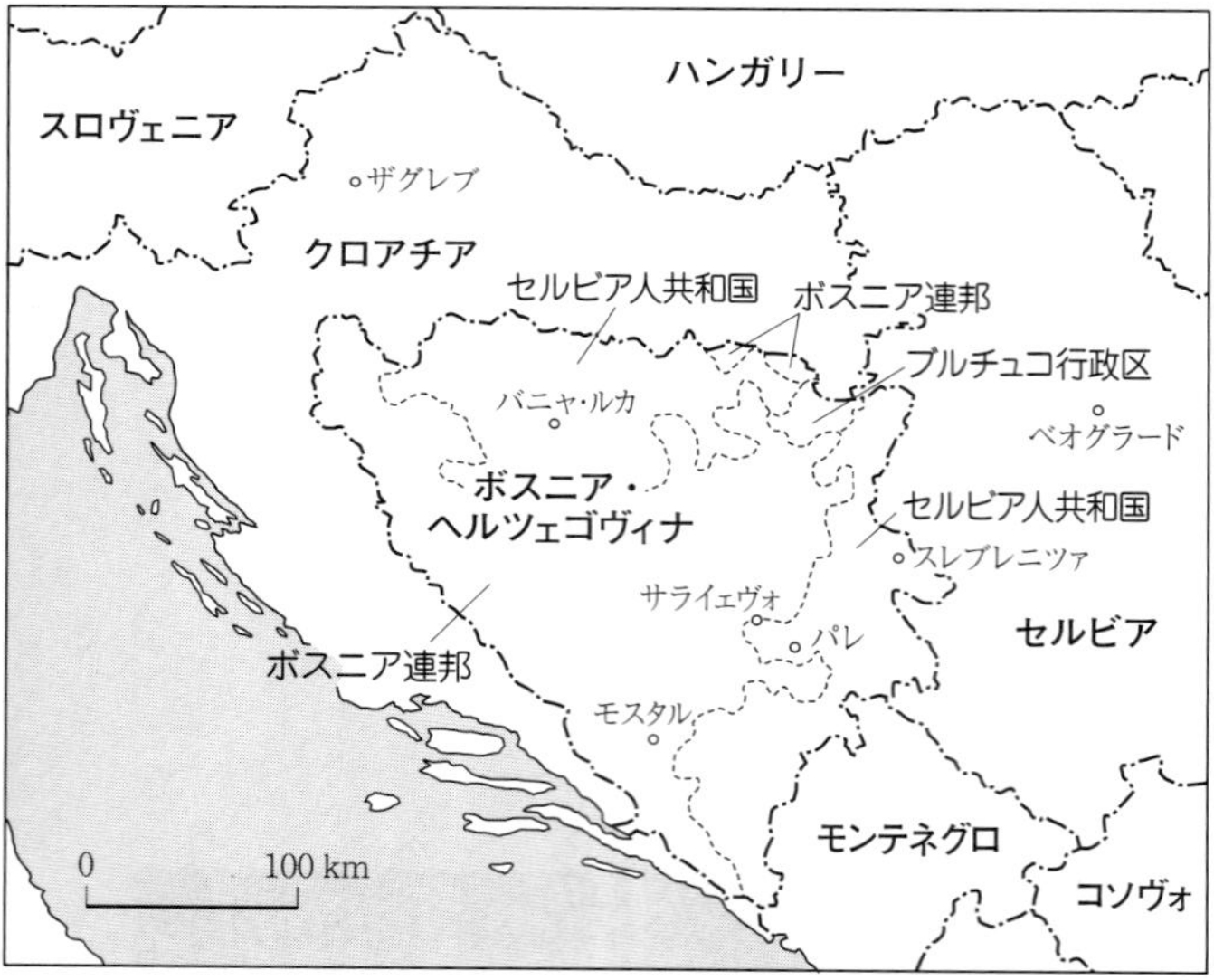
ハンガリー
スロヴェニア
ザグレブ
クロアチア
セルビア人共和国
ボスニア連邦
ブルチュコ行政区
バニャ・ルカ
ベオグラード
ボスニア・
ヘルツェゴヴィナ
セルビア人共和国
スレブレニツァ
サライェヴォ
パレ
セルビア
ボスニア連邦
モスタル
モンテネグロ
コソヴォ
0
100 km

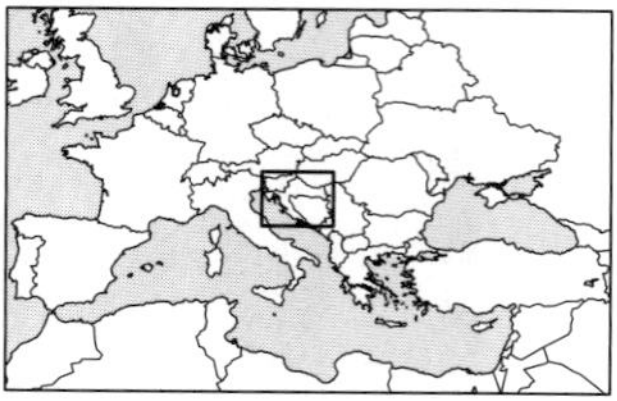

【クロアチア紛争とボスニア紛争のあらまし】

クロアチアとボスニアが帰属していたユーゴスラヴィア社会主義連邦共和国(ユーゴ)は平和的な多民族共存の国として高く評価されていた。しかしそれは、国父のチトーあってこそであった。彼が一九八〇年五月に死去すると、ユーゴは徐々に解体への道を進むのである。

ユーゴは石油ショック以後の国際経済環境の激変を乗り切れず、また一九八九年の冷戦終了は、東西二極構造の狭間で存在意義を示していたユーゴにとって痛手であった。ユーゴをまとめてきた二つの全国組織である党と軍も、それだけではユーゴの「絆」とはなり得ず、分権的な連邦制も解体を防ぎ得なかった。多民族主義的なユーゴが危機に瀕したとき、自民族主義を唱える政治家が登場し、強い影響力を持つようになるのは当然であったかもしれない。

ユーゴの六共和国の議会において、一九九〇年に建国後初の実質的競争選挙が実施された。チトー時代のユーゴを支えてきた共産主義政党やその後継政党は、この選挙で四共和国において大敗する。勝利したセルビアとモンテネグロでもそれらの政党はそれぞれ民族主義の影響を大きく受けていた。

スロヴェニアとクロアチアは独立への道をひた走り、一九九一年六月には独立宣言を発した。スロヴェニアの紛争は短期間で収まったが、クロアチアの紛争は、民族的少数派のセルビア人側がユーゴの軍の支援を受けて勝利し、クロアチアの国土の三分の一はセルビア人の実効支配の下に入った。民族紛争はボスニアに飛び火し、ボスニア人(ムスリム人)、セルビア人、クロアチア人という三者間の戦闘は三年半続いた後に収まったのである。そして、ボスニア紛争の決着を付けたのは、NATO(北大西洋条約機構)であった。

クロアチアはその後に国土を自力で回復したが、国際社会による和平合意を受け入れたボスニアは依然として実質的分断国家である。

連邦制と民族紛争の予防

民族紛争は、その国家の多民族性を解消したり、民族的少数派を強権的に支配したりすることで予防できるかもしれない。しかし、多民族性の解消に向けたジェノサイドや強制追放は到底、許されることではない。強権的支配も同様であるし、コストも高い。

従って、多民族国家において民族紛争を予防するには、多民族の平和的な共存が必要である。連邦制も分権化のひとつの方策である。連邦制とは、一言で言えば、国土を幾つかの領域的単位に分け、その単位に権限を付与するシステムである。

ユーゴは多民族主義を尊重する分権的な連邦国家であった。そのユーゴが民族紛争の結果、「血まみれ」になって解体されていったという事実は、如何なる民族紛争予防の方策を導入しようと、それが民族紛争を自動的に予防する訳ではないということを明らかにした。

ユーゴの民族紛争のうち、本章ではクロアチアとボスニア、第6章ではコソヴォを扱う。

クロアチアとボスニアとは

クロアチアは一九九一年六月に独立した。クロアチアはアドリア海東岸の大半を有する、世界有数の観光立国である。近年、日本からも毎年多数の観光客が訪問している。クロアチア政府観光局のホームページには日本語版がある程である。クロアチアの国土の面積は約五・七万平方キロメートル、人口は約四三〇万人であり、そのうちの約九〇%がクロアチア人である。クロアチアにおける民族紛争の一方の当事者でもあったセルビア人の割合は紛争前と比べると半減し、現在では人口の五%に過ぎない。クロアチア人とセルビア人とは共に南スラヴ人に属している。クロアチア語とセルビア語はいずれも南スラヴ語群に属し、正式表記が前者はローマ字、後者はキリル文字である他、若干の違いはあるが、クロアチア人はセルビア語をほぼ理解し、その逆も同じである。かつては、セルビア・クロアチア語（またはクロアチア・セルビア語）として扱われていた程に似ている言語である。また、クロアチア人にはローマ・カトリック教徒が多く、セルビア人は、同じくキリスト教だが東方正教に含まれるセルビア正教の信者がほとんどである。

クロアチアとは対照的に、ボスニア（ボスニア・ヘルツェゴヴィナ）の国土はほとんど海に面していない。国土の面積は約五・一万平方キロメートル、民族紛争後の人口は約三八〇万人、民族構成の内訳は、ボスニア人四八％、セルビア人三七％、クロアチア人一四％となっている。ローマ字で表記されるボスニア語も、オスマン（トルコ）語からの借用語が目立つとはいえ、南スラヴ語群に属しており、セルビア語やクロアチア語とほとんど違わない。ボスニア人は、かつてはムスリム人という民族として規定されていた。その名が示す通り、彼らの宗教はイスラム教である。ボスニアの首都は東部のサライェヴォである。現在のサライェヴォにはボスニア人が多く、ボスニアのセルビア人の中心都市は北部のバニャ・ルカ、クロアチア人のそれは南部のモスタルである。

「第一のユーゴ」、「第二のユーゴ」

ユーゴスラヴィアという国名が世界地図に初めて登場するのは、第一次世界大戦の後、ユーゴスラヴィア王国としてである。これは「第一のユーゴ」とされる。当初の名前は、ユーゴスラヴィアを構成する、いずれも南スラヴ人に含まれる民族の名を羅列した「セルビア人・クロアチア人・スロヴェニア人王国」であった。この名が示すように、非常にまとまりのない多民族国家であった。

ユーゴ王国は民族問題に加えて南北問題を抱えていた。北部のスロヴェニア人地域、クロアチア人地域が経済先進地域であったのに対して、南部のセルビア人地域などが後進的であった為に、南北問題が民族間の亀裂を深化させたのであった。ユーゴ王国は民族問題を解決できずに混乱し、その挙げ句、一九四一年四月にドイツ、イタリア、ハンガリー、ブルガリアから同時侵攻を受け、国土は四分五裂にされたのである。

第二次世界大戦中、かつてのユーゴ王国の領土では、占領国に対する抵抗運動に加えて、クロアチア人極右のウスタシャ、ユーゴ王国軍出身者のセルビア人中心のチェトニク、ユーゴ共産党武装組織のパルチザンによる三つ巴の内戦が起きた。戦中の犠牲者の合計は一〇〇万人に上るという。

内戦を勝ち抜いて国土を再統一し、「第二のユーゴ」（ユーゴスラヴィア社会主義連邦共和国、一九六三年まではユーゴスラヴィア連邦人民共和国)を建国したのは、チトーが書記長を務めるユーゴ共産党(組織改編と改称の結果、一九五二年からはユーゴスラヴィア共産主義者同盟)であった。本章におけるユーゴとはこの「第二のユーゴ」のことである。

解体要因と統合要因

ユーゴにおいても民族問題と南北問題は未解決のままであった。しかし、そうした解体要因を抑え込めるだけの統合要因がユーゴには存在していた。チトーのカリスマ、経済成長、冷戦構造、軍隊、共産党、連邦制である。しかし、それらの要因は次々に消滅したり、機能麻痺に陥ったりした。

まずチトーが一九八〇年五月に死去した。国父であり、ソ連とも一線を画す「非同盟運動」により、国際社会の「スター」のひとりでもあったチトーの死がユーゴ解体の始まりであった。ユーゴは石油ショックまでは世界有数の経済成長率を誇っていたが、石油ショック以後は、一転して経済危機を迎える。それでもチトーの生存中は彼の「顔」で乗り切ってきた。しかも時代は冷戦の真っ最中であり、東欧諸国とされながらもソ連ブロックの一員ではなかったユーゴには、西側の援助が集まった。他方で、ソ連もユーゴ引き留めの為に援助を行っていた。

冷戦時代は、ソ連共産党書記長ゴルバチョフの登場を機に終結へと向かっていく。冷戦の終了はユーゴが東西対立における「漁夫の利」を失うことを意味した。そして同時に、仮想敵国ソ連を想定して国内の民族問題を封じ込めることができなくなった。

ユーゴ共産主義者同盟とユーゴ人民軍

それでもユーゴには統合要因が残っていた。全国規模の組織を有するユーゴ共産主義者同盟とユーゴ人民軍である。

ユーゴ共産主義者同盟は、アンブレラ構造を有する非常に分権的な組織であり、全国規模の組織的ネットワークを通じて、ユーゴを制御してきた。ところが、党の役割の縮小と国家体制の分権化を主張するスロヴェニア共産主義者同盟と、それに反対するセルビア共産主義者同盟との論争により、一九九〇年一月の第一四回臨時党大会をもって、ユーゴ共産主義者同盟の一枚岩的な支配が終わった。更に、ユーゴを構成する六つの共和国の議会において、実質的複数政党制に基づく初の実質的競争選挙が一九九〇年に実施されたのである。各共和国の共産主義者同盟やその後継政党はセルビアとモンテネグロでこそ与党となったが、他の四共和国(スロヴェニア、クロアチア、ボスニア、マケドニア)では第一党になれず、ユーゴ共産主義者同盟の支配は完全に終焉を迎えた。

ユーゴ人民軍は、「第二のユーゴ」の領土解放を行ったユーゴ共産党武装組織であるパルチザンの後裔である。冷戦時代を通じて、ソ連との関係が常に不安定であったユーゴにとって、ユーゴ人民軍はまさに国家の主柱であった。しかし戦後四〇年が過ぎ、パルチザンの栄光にも陰りが見え始めた。また、ユーゴ人民軍の前身が党の武装組織であったが故に、経済政策の失敗や一九八九年の「東欧激動」による党の権威の動揺は、軍の存在理由にも大きな影響を与えることとなった。国民皆兵制を採用していたユーゴ人民軍はその多民族性の故に、ユーゴ統一の象徴でもあった。しかし軍高官に限ってみれば、ユーゴ南部出身者の過剰代表状態であった。その為に、ユーゴ人民軍は、分離独立を志向する北部のスロヴェニアやクロアチアからは敵視されがちであった。

ユーゴの連邦制

ユーゴの統合は連邦制によっても補強されていた。しかし、連邦制は、連邦国家の維持を目指すリーダーが存在してこそ、機能し得るのである。

ユーゴの連邦制は時代を経るに従って分権化されていった。ポスト・チトー体制は、一九七四年のユーゴ連邦憲法において構築されたが、そこでの特徴も分権化である。それは以下の二点において顕著であった。

第一は、最高意思決定機関としての連邦幹部会である。それ自体は一九七一年に既に導入されていた。しかし一九七四年憲法により、連邦幹部会は、終身議長のチトー(ユーゴ共産主義者同盟書記長)に加えて、ユーゴを構成する六つの共和国(スロヴェニア、クロアチア、ボスニア、セルビア、モンテネグロ、マケドニア)、そしてセルビア内の二つの自治州(北部のヴォイヴォディナと南部のコソヴォ)の、全部で八地域から各一人の代表、合計九人から構成されることとなった。

第二は、セルビア内の自治州の格上げ(実質的共和国化)である。これについては第6章で取り上げることとする。

チトー死後の定員は八人、議長は各代表が輪番で一年任期を務めることとなっていた。

こうした分権化は、冷戦終了後の激変する国際環境を乗り切るだけの強力なリーダーシップを発揮する人物の登場を妨げることに繋がる。また、民族問題は、チトー存命中こそ彼のリーダーシップによって封じ込められていたが、ポスト・チトー体制においては、対応すべきシステムが設立されていなかった。

こうした内在的な欠点に加えて、ユーゴを見る国際社会の「眼」の問題も存在していた。如何に分権化しようと、ユーゴは非民主的な「共産主義国家」であった。その為に、国際社会は、一九九〇年の選挙で選ばれた各共和国の代表を積極的に評価した。その結果、最高意思決定機関である連邦幹部会、執行機関である連邦政府よりも、各共和国政府が国際社会によって重視されるという奇妙な現象がしばしば起きていた。しかも、スロヴェニアとクロアチアでは、共産主義者同盟と無縁の政府が強い独立志向を持っていたのである。

しかしユーゴは自壊した訳ではない。ユーゴにとどめを刺したのは、民族主義的なリーダーシップを振るう政治リーダー達であった。

ミロシェヴィッチ、トゥジマン、イゼトベゴヴィッチ

ユーゴの政治に最初に民族主義を持ち込んだ政治リーダーは、セルビアのミロシェヴィッチであった。しかし、ミロシェヴィッチは根っからのセルビア民族主義者だった訳ではない。彼が民族主義の政治的有効性に気づいたのは、第6章で詳述するように、一九八七年四月にコソヴォで演説した後である。民族主義の政治的な利用価値に気づいたミロシェヴィッチは、同年九月のセルビア共産主義者同盟第八回中央委員会においてクーデターに成功し、その後に、モンテネグロ、ヴォイヴォディナ、コソヴォにおいて実権を握ったのである。

当時のクロアチアの指導者、トゥジマンも民族主義者であった。しかし、ミロシェヴィッチがセルビア民族主義を利用するという立場であったのに対して、トゥジマンは根っからのクロアチア民族主義者であった。トゥジマンは一九九〇年春のクロアチア議会選挙のキャンペーンにおいて既に、クロアチアの「ヨーロッパ」入り、即ち、クロアチアの独立とEU（欧州連合、当時はEC〔欧州共同体〕）加盟を公言していたのであった。

ユーゴにおける民族間関係が悪化することで最も危機的な状況を迎える共和国がボスニアであった。他の五共和国と異なり、ボスニアには絶対的多数を占める単独の民族が存在していなかったのである。セルビアやクロアチアにおける民族主義の高まりはボスニアにも波及し、ボスニア人（当時はムスリム人）の民族主義も次第に結晶化していく。独立後のボスニア初代大統領のイゼトベゴヴィッチは、イスラム主義に基づいた民族主義によって、ボスニアの民族紛争を戦い抜くのである。

「クロアチア化」とセルビア人

一九九〇年四月のスロヴェニアに引き続き、クロアチアでは、同年四月から五月にかけて議会選挙が行われた。トゥジマン率いるクロアチア民主同盟が三五一議席中二〇六議席を獲得して圧勝し、初代大統領トゥジマンはクロアチアの「クロアチア化」を進めていった。

こうした動きに対して、クロアチア内のセルビア人が危機感を高めたのは当然である。セルビア人の政党、クロアチア・セルビア民主党はセルビア人の自治を主張して、クロアチア各地で抗議集会を開催した。また同党を中心に組織されたセルビア国民会議は「セルビア人の主権と自治に関する宣言」を採択した。

一九九〇年八月には、セルビア人地域の中心地であるクニンがセルビア人によって封鎖された。各地でセルビア人自治区が設立された。各地のセルビア人自治区は一九九一年一二月にクライナ・セルビア人共和国として統一される。しかし、南部のクライナと東部の東スラヴォニアは直接の陸続きではなく、両者間の行き来はボスニア領内を介して行われていた。その為に、意思の疎通は最後まで不調だったのである。

独立宣言と「一〇日間戦争」

クロアチア政府とセルビア人との緊張状態は更に高まり、一九九〇年秋にはクロアチア警察隊とセルビア人武装組織との衝突も始まっていた。一九九一年三月には最初の警察官の犠牲者も出た。そして、五月にはクロアチアの独立の可否を問う住民投票が実施された。セルビア人は住民投票をボイコットし、クロアチアの独立は圧倒的多数で承認された。

この間、ユーゴ存続への努力が断続的に行われていた。しかし、連邦幹部会会員と六人の各共和国大統領とが参加する拡大連邦幹部会(ユーゴ・サミット)、大統領の直接交渉(六人サミット)においては、いずれも結論が出なかった。

痺れを切らしたスロヴェニアとクロアチアは、一九九一年六月二五日に共に独立宣言を発し、ユーゴ人民軍は独立阻止へと実力行使に出た。主たる戦場はまずはスロヴェニアであった。「一〇日間戦争」である。戦闘開始直後にECが仲介に入る。独立宣言は三カ月間凍結され、その間に善後策が講じられることとなった。

クロアチア紛争の結果

三カ月間の凍結期間が過ぎ、紛争の主要な舞台はクロアチアに移った。クロアチア軍、警察隊とセルビア人武装組織、ユーゴ人民軍との間で戦闘が再開された。セルビア人武装組織とユーゴ人民軍は、クロアチアの独立阻止という目的で一致していたのである。八月に入ると戦闘は本格化していく。戦況は独立阻止派に有利であった。ソ連を仮想敵国として整備されたユーゴ人民軍に対して、にわか仕立てのクロアチア軍が敵う筈もなかった。

クロアチアの紛争にひとまず終止符を打ったのは、元アメリカ国務長官でブトロス＝ガーリ国連事務総長個人特使のヴァンスの活動によるものであった。ヴァンスの活躍の結果、一九九一年一一月に停戦合意が結ばれた。クロアチアの三分の一を占めることとなったクライナ・セルビア人共和国は、東スラヴォニア、西スラヴォニア、クライナの三地区に分けられ（後に、クライナが南北に分割され、四地区となる）、一九九二年三月の国連安保理決議七四三により、国連保護軍が展開することとなったのである。

こうして、クロアチアの民族紛争は一段落した。しかし、クロアチア領内は、以後もボスニアの民族紛争の「舞台裏」として、ボスニア紛争の戦局に影響し続ける。

ボスニアの民族主義政党

ボスニア議会選挙は一九九〇年一一月に実施された。結果は、二四〇議席のうち、ボスニア人の民主行動党八六議席、ボスニア・セルビア民主党七一議席、ボスニア・クロアチア民主同盟四五議席と、民族主義政党の議員が定員の八割以上を占めたのである。

議会選挙後、ボスニアでは三民族主義政党の連立政権が成立した。しかし、三政党の立場は全く異なっていた。民主行動党は、ボスニアのユーゴからの独立とボスニアの統一とを目指していた。ボスニア・セルビア民主党は、ボスニアのユーゴへの残留、それができない場合、セルビア人地域のボスニアからの離脱とユーゴへの復帰を求めていた。最後に、ボスニア・クロアチア民主同盟は、ボスニアのユーゴからの独立、クロアチア人地域のボスニアからの離脱とクロアチアとの合同が、基本的な方針であった。まさに「同床異夢」であった。

連立政権の崩壊と住民投票の応酬

危うい連立政権は、一九九一年一〇月一五日未明の出来事によって、瞬く間に崩壊した。当時のボスニア議会では、ボスニア憲法に関する議論が続いていた。最大の問題は、ボスニアのユーゴからの離脱権を憲法に明記するか否かであった。議論が紛糾する中、民主行動党とボスニア・クロアチア民主同盟とは、ボスニア・セルビア民主党の議会欠席中に、離脱権を明記することを可決した。

ボスニア・セルビア民主党議員は以後の審議をボイコットした。セルビア人は、クロアチアのセルビア人に倣って、既に九月よりボスニア各地において自治区を設立していた。自治区では一一月に住民投票が実施され、圧倒的多数がユーゴ残留を希望していた。

ボスニア初代大統領のイゼトベゴヴィッチは、ボスニアの独立の可否を問う住民投票の実施を決意していた。確かに、独立した際の国家承認の前提として、ＥＣから住民投票の実施が求められてはいた。しかし、独立に対する警告がユーゴ人民軍から出されたり、各民族の自衛組織武装化の噂が広がったりしている中での実施が、民族紛争の呼び水となることは、当然に予想され得ただろう。

住民投票は一九九二年二月二九日から三月一日にかけて実施された。セルビア人は投票をボイコットし、結果的に投票総数の九九％以上が主権国家たるボスニアを可とするものであった。

ボスニア紛争の構図

既に住民投票の最中にバリケードが築かれ、銃殺事件も起きていた。投票後には、各地で武力衝突が発生し、ボスニアは内戦状態に突入した。セルビア人はセルビア人共和国を結成し、四月初めにボスニアからの独立を宣言していた。クロアチア人も一九九一年一一月に自分達の政治体、ヘルツェグ・ボスナ・クロアチア人共同体（一九九三年八月にヘルツェグ・ボスナ・クロアチア人共和国へと改称）を設立していた。

戦況はセルビア人に有利に進み、セルビア人は一九九二年末までにボスニア全土の七〇％を確保した。この状態は、一九九五年八月まで基本的に変化することはなかった。

セルビア人が国土の大半を掌握できた原因としては、まずはユーゴ人民軍の装備の多くをセルビア人が引き継いだこと、ミロシェヴィッチがセルビア人を支援していたことなど、セルビア人が軍事バランスの上で有利であり続けた点が指摘できる。他方で、セルビア人はボスニア全土を制圧しようとはしなかった。その理由として、セルビア大統領ミロシェヴィッチとクロアチア大統領トゥジマンとのボスニア分割密約がある。そして、そもそも広い農村部に多く住んでいたセルビア人が、それまで多数派であった地域を確保する為に動いたという点も挙げておきたい。

国際社会の対応

ECは、住民投票前から仲介交渉を続けていたが結実しなかった。民族紛争の勃発後は、国連と共に和平調停を行い、幾つかの和平案が紛争当事者に提示されてきた。最初の和平案は、国連特使のヴァンスとEC特使のオーウェン(元イギリス外相)によって、一九九三年一月に提示された。そこでは、ボスニアが一〇の区域に分割されることとなっていた。この和平案はその後の修正案と共に、紛争当事者の同意を得ることができなかった。

その後、国連特使はヴァンスからストルテンベルグ(元ノルウェー外相)に交代し、一九九三年七月に再び和平案が提示された。これがボスニアを民族的に三分割するものであった為、ボスニア統一に固執するイゼトベゴヴィッチは拒否し、セルビア人共和国大統領カラジッチも反対していた。ＥＣ主導の和平の動きは暗礁に乗り上げていたのである。

アメリカのクリントン政権はボスニア介入に消極的であった。一九九三年一〇月、第二次ソマリア国連活動に参加中のアメリカ兵一八人が犠牲になった上、その遺体がソマリア民兵によって晒し者になったという事件が影響していたのである。

そのアメリカがやっとボスニアの民族紛争に関与し始め、最初の成果が一九九四年三月のワシントン協定であった。ワシントン協定の内容には二つあり、第一の内容は、ボスニアにおいてボスニア人とクロアチア人とが統一的な政治体を構築することであった。ボスニア政府の実効支配地域とヘルツェグ・ボスナ・クロアチア人共和国とがボスニア連邦を構成することとなり、紛争は三つ巴から、ボスニア連邦(ボスニア人、クロアチア人)対セルビア人共和国となった。第二は、ボスニア連邦とクロアチアとが国家連合を形成するというものである。これにより、クロアチアのボスニアへの軍事介入が正当化されることになった。国際社会の非難にも拘わらず、それまでにもクロアチア軍は一時はその三分の一がボスニア内に展開していたのである。

その後、一九九四年四月に、コンタクト・グループ(連絡調整グループ)が結成された。構成国は米露英独仏の五カ国であった。七月に和平案が提示され、その内容は、ボスニアがボスニア連邦とセルビア人共和国とに分割され、前者が全土の五一％、後者が四九％を領有するというものであった。ボスニアは、ワシントン協定によって既に実質的に二分割されているのであり、残された問題は両者間の線引きだけとも言えた。そして、この和平案で定められた両者の領土の割合は現在のボスニアのそれである。

セルビア人陣営の混乱

この間にセルビア人共和国では「国家」指導上の混乱が起きていた。そもそもボスニアのセルビア人の間では、北部のバニャ・ルカ（セルビア人共和国最大の都市）グループと東部のパレ（セルビア人共和国の「首都」）グループとの意思の疎通は円滑ではなかった。そこに、セルビア人共和国大統領カラジッチと軍司令官ムラディッチとの間の意見の相違が絡んできた。それは本国のリーダー、ミロシェヴィッチを巡るものである。

ミロシェヴィッチは一九九二年四月にセルビアとモンテネグロからユーゴ連邦（ユーゴスラヴィア連邦共和国）を建国していた。ユーゴ連邦は経済制裁に苦しんでいた。何故ならば、国際社会はミロシェヴィッチを通じて、ボスニアのセルビア人を制動しようとしていたのである。ミロシェヴィッチは一刻も早く経済制裁を解除させたかった。セルビア人共和国軍はミロシェヴィッチによって賄われており、軍司令官のムラディッチは、ミロシェヴィッチに従順であった。しかしセルビア人共和国大統領のカラジッチは強硬で、ときにはミロシェヴィッチの忠告や警告を聞かずに、和平案を拒絶したのである。経済制裁を受けているユーゴ連邦が、セルビア人共和国に経済制裁を課すという奇妙な一幕も見られた。

本国セルビアとの関係がぎくしゃくしていたセルビア人共和国のカラジッチにとって、頼みの綱は、クロアチア領セルビア人地域であるクライナ・セルビア人共和国であった。そのクライナ・セルビア人共和国にクロアチアが侵攻したのである。それまでにも、クロアチア軍の小規模な攻撃はあったが、一九九五年五月に最初の大規模な攻撃が実施された。「稲妻作戦」である。この作戦の結果、クライナ・セルビア人共和国を構成する東西スラヴォニアと南北クライナのうち、西スラヴォニアが奪還された。更に一九九五年八月の「嵐作戦」により、南北クライナも陥落し、クライナ・セルビア人共和国は滅亡したのであった。

民族浄化——スレブレニツァの虐殺事件

民族浄化とは、それまでは多民族地域であった領域を自民族地域にすることである。この言葉が、一気に広く知れ渡ったのは、ボスニア紛争においてである。

クライナ・セルビア人共和国が滅亡して、孤立していくセルビア人共和国に追い打ちをかけたのが、民族浄化の実行者としての国際的イメージの悪化であった。民族浄化は、ボスニア人もクロアチア人も行っていたが、セルビア人は国際メディア対策に後れを取っていた。そこにスレブレニツァ虐殺事件が起きたのである。

スレブレニツァは、ボスニア東部のセルビア人地域にあるボスニア人の飛び地であり、一九九三年四月の国連安保理決議八一九により「安全地区」として指定されて国連保護軍が展開していた。しかしこの「安全地区」はセルビア人にとって頭の痛い問題であった。ボスニア人の戦闘員が逃げ込み、国連保護軍に保護されることになったからである。そうした事態を打開しようと、セルビア人は一九九五年七月上旬にスレブレニツァを始めとする「安全地区」三カ所に同時攻撃を仕掛けたのである。

当時のスレブレニツァは、元からの住民に加えて、戦闘を逃れて周囲から流入してきた避難民でごった返していた。そこにセルビア人が攻撃を開始した。国連保護軍は抵抗できず、スレブレニツァはセルビア人によって制圧された。そしてボスニア人は婦女子や老人とそれ以外に分けられ、後者の多くが虐殺されたのである。

この事件は、セルビア人による蛮行の代名詞となり、「セルビア人悪玉論」は完全に定着した。それが、八月末からのNATO空爆を促した要因のひとつであったことは否定できない。

NATOの空爆

一九九五年八月二八日、ボスニアの首都であるサライェヴォの下町にある青空市場に砲弾が落ち、一〇〇人以上の市民が死傷した。誰が砲撃したかは不明であったが、第一に疑われたのは、サライェヴォ包囲中のセルビア人部隊であった。

実は、セルビア人共和国では、漸く和平交渉に本気で乗り出すという気運が高まっていた。アメリカ国務次官補ホルブルックの「シャトル外交」の結果、セルビア人も交渉のテーブルに着くことが決まっていた。しかも、セルビア人代表団長には、戦闘の早期終結を熱望していたミロシェヴィッチの就任が決まっていたのである。その最中の砲撃であった。

NATOは八月三〇日より大規模空爆をセルビア人共和国に対して実施した。NATOはそれまでにも空爆を行っていたが、創設以来最初の大規模空爆であった。同時に、地上では、ボスニア軍、クロアチア軍、ボスニアのクロアチア人部隊が総攻撃を仕掛けていた。

一九九二年末以来殆ど変化しなかったセルビア人共和国の版図は、急速に縮小していった。

停戦合意は一九九五年一〇月一一日に結ばれた。

デイトン和平交渉

和平交渉はアメリカ、オハイオ州のデイトンで一一月一日から始まった。ボスニア人の代表団長はボスニア大統領イゼトベゴヴィッチであったが、セルビア人、クロアチア人の代表団長は、それぞれの民族的本国の大統領、ミロシェヴィッチとトゥジマンであった。これは、ボスニアの戦闘に対して、本国から如何に介入があったかという実態を反映したものでもあった。ミロシェヴィッチにとって、交渉で最優先すべきは、ユーゴ連邦に対する経済制裁の解除、トゥジマンにとっては、クロアチアの未回収地である東スラヴォニアの回復であった。これに対して、イゼトベゴヴィッチが最も重視したのは、ボスニアの統一であった。

交渉は三週間続いた。一一月二一日に署名されたデイトン合意の結果、二つの政治体、ボスニア連邦とセルビア人共和国とが正式に設けられ、それぞれ領土の五一%と四九%を分け合うことになった。そして、両政治体に内政のほとんどが委ねられることになった。またボスニア人、セルビア人、クロアチア人に対して、重要案件には拒否権が保証されることとなった。

ミロシェヴィッチのユーゴ連邦は、デイトン合意成立の翌日一一月二二日に国連安保理決議一〇二二により経済制裁を解除された。トゥジマンのクロアチアは、一一月一二日のエルドゥト合意により、東スラヴォニアの返還に目処を付けた。こうして両国の大統領にとって、デイトン交渉はほぼ満足すべき結果に終わった。

エピローグ

共にユーゴから独立した両国の現状は対照的である。クロアチアでは、多くのセルビア人が国外に追われた結果、国民に占めるクロアチア人の割合は大幅に上がり、一九九八年に東スラヴォニアも返還された。そして、二〇一三年のEU加盟である。

ボスニアは依然として実質的分断国家のままである。デイトン合意で暫定的に設立された両政治体の間の行政的境界は半永久化されている。更には、ブルチュコ行政区も生まれている。戦闘の傷痕も深い。デイトン合意直後の「復興バブル」も過ぎ去った。旧ユーゴ国際刑事裁判所の活動は続いているとはいえ、国際社会は「移り気」なのである。

第3章　ルワンダ
——ジェノサイドの実際——

ルワンダから国境を越え，ザイール(当時)側に避難する多数の難民．ロイター＝共同，1994年7月15日

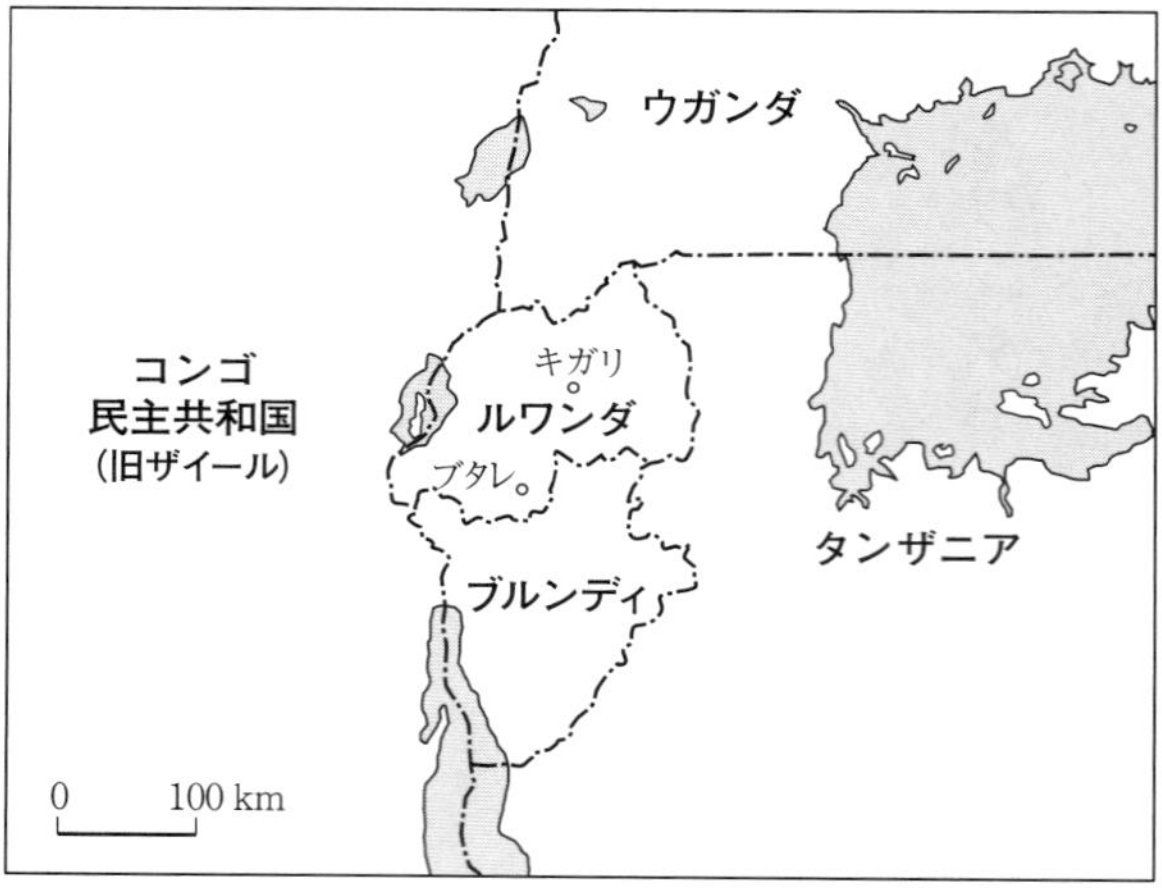
ウガンダ
コンゴ
民主共和国
(旧ザイール)
キガリ
ルワンダ
ブタレ
ブルンディ
タンザニア
0
100 km

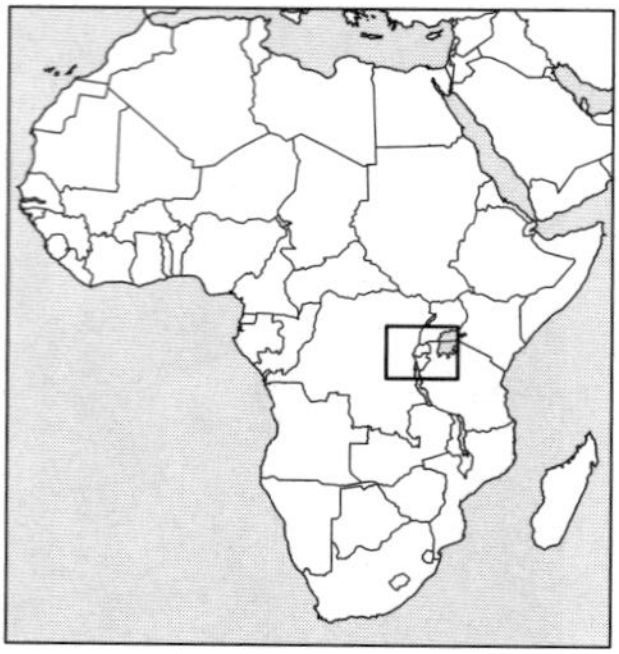

【ルワンダ紛争のあらまし】

ボスニアの民族紛争が世界の耳目を集めているちょうどそのとき、犠牲者数や激化・拡大のスピードなど紛争の激しさの点で、ボスニア紛争を遥かに上回る民族紛争がアフリカのルワンダで起きていた。アフリカの紛争においては、犠牲者の規模ではコンゴ戦争など、ルワンダ紛争以上のものもあるが、国際メディア機関による報道と相俟って、ルワンダ紛争は非常に印象深いものとなった。

ルワンダの民族紛争の当事者となった民族はフトゥ人とトゥチ人であるが、両者の区別は本来的には民族的なものではなく、社会階層的なものであった。それが、第一次世界大戦後、ベルギー統治時代に民族的なものへと転化されたのである。

ベルギー統治時代は少数派のトゥチ人がルワンダの支配的立場にあった。しかし脱植民地化の過程で、「社会革命」によってフトゥ人が支配的となり、大量のトゥチ人が国外に脱出したのである。彼らは隣国からの侵入を繰り返し、国内ではフトゥ人による報復が行われた。

ルワンダ政府の支配基盤はフトゥ人にあったが、時代を経るに従って、同じフトゥ人でも一部の地域出身者や大統領の親族へと次第に狭くなっていった。そのルワンダを経済危機が襲った。一九九〇年一月には亡命トゥチ人による武装組織のルワンダ愛国戦線が、ウガンダから侵攻した。これにより、急進的なフトゥ民族主義が高まるのである。

その後の和平協定によって、ルワンダ愛国戦線の内政への関与が決定されたことは、フトゥ人急進派に更なる危機感を抱かせた。そうした中で起きたのが、ルワンダ大統領ハビャリマナの搭乗機撃墜事件であった。大統領は即死し、これを機に、フトゥ人急進派はまず穏健派要人を殺害した後に、各地でフトゥ人穏健派に加えて、トゥチ人の大量虐殺を繰り広げるのである。それはまさに、ジェノサイドと呼ばれる虐殺のイメージそのものであった。その結果、和平協定は破棄され、戦闘が再開された。そして、ルワンダ愛国戦線が最終的には全土を制圧したのであった。

ジェノサイドとは

ジェノサイド(genocide)とは、ギリシャ語で「種」を意味する「genos」に、ラテン語で「殺」を意味する接尾辞である「-cide」が付加された造語である。一般に、ジェノサイドという言葉が抱かせる印象は「大量殺戮」「大量虐殺」だろう。一九四八年一二月に国連総会で定められた「集団殺害罪の防止及び処罰に関する条約」（ジェノサイド条約）によれば、ジェノサイドとは「国民的、人種的、民族的または宗教的な集団の全部または一部を破壊する意図をもって行われる」殺害や危害などと定義される。

ジェノサイドという言葉が思い起こさせる「情景」とは、大きく二つに大別できるのではないだろうか。第一は、軍服を着た人々が淡々と対象者を死へと追い込むものである。例えば、ナチスが毒ガスなど科学技術を駆使してホロコーストを行うものである。第二は、憎悪や恐怖に取り憑かれた民衆が、手当たり次第に「敵」を殺していくものである。

彼らは、何故にジェノサイドに参加するのだろうか。イギリス生まれの社会学者、マイケル・マンは、実行者が虐殺に加担するケースを九つに分類している。それを大別すると、虐殺そのものに価値が見出されているケース、虐殺が別の目的に資すると考えられているケース、虐殺を行っている集団の個人に対して同調への圧力が働いているケース、である。個々のケースでは様々なことがあるだろうが、一部の中心的な実行者や積極的協力者によるあからさまな脅しを始めとする同調圧力によって、多数の人々が虐殺に参加させられたというのが、多くの場合の実際の「情景」であろう。

「千の丘の国」と人々

ルワンダはアフリカ中東部の内陸に位置する。ほぼ赤道直下にもあるにも拘わらず、気候は比較的過ごしやすいという。その理由は標高の高さにあり、ルワンダは別名「千の丘(ミルコリンヌ)の国」と言われている。面積は約二・六万平方キロメートルであるが、人口は約一〇三〇万人(二〇一〇年、国連による)であり、世界有数の人口密度の高さである。これもルワンダの住みやすい気候、そして土地の肥沃さの証左である。但し、ルワンダでは人口の変動が激しいので、この数字は一応の目安である。

国民における民族構成は、概ねフトゥ人が八割強、トゥチ人が一割強、トゥワ人が一%とされている。言語については、バントゥー諸語のルワンダ語が民族に拘わらず話されている。かつての宗主国ベルギーのフランス語、旧イギリス領の隣国ウガンダとの歴史的関係や近年の国家間関係の為に英語の通用力も高い。宗教は、ローマ・カトリックが六割弱、プロテスタントが四割弱となっている。つまり、ルワンダのフトゥ人、トゥチ人、トゥワ人の間には言語や宗教によって明確に区別できる基準が存在していないのである。それでは何が民族を分けているのだろうか。フトゥ人とトゥチ人との関係に絞って考えていこう。

フトゥ人とトゥチ人の違い

かつては、そもそもトゥワ人が先住していた地に、まずフトゥ人、次いでトゥチ人が移住してきたという説が強かったという。この説の根底には、フトゥ人とトゥチ人とは外見（背丈、皮膚の色、顔貌など）が異なっており、民族のみならず人種も異なるという考えが存在していた。ズングリしていて皮膚の色が濃く鼻が低いのがバントゥー人種（ネグロイド）のフトゥ人、スラリとしていて皮膚の色が相対的に薄く鼻筋が通っているのがハム人種（コーカソイド）のトゥチ人、というのである。更に、アフリカ大陸の文明はハム人種によって確立されたとも言う。しかも、ヨーロッパの住民の多くがハム人種に属しているとされていた。このように科学的根拠が曖昧な「ハム仮説」はヨーロッパで流行しており、この仮説が事態を複雑化、深刻化させていくのである。

ここまで来ると、トゥチ人とフトゥ人の優劣関係を結論づけることは容易であった。ヨーロッパの宗主国は、自分達で決めつけた両者の相違を、実際の政策を通じて顕現化、固定化させるのである。ヨーロッパによる民族的規定が、ルワンダ紛争の遠因なのである。

現在では、トゥチ人とフトゥ人とを人種的に区別できるという立場は否定されている。両者は経済的なカテゴリー（主たる生業が牧畜か農業か）や社会的カテゴリー（支配者側か被支配者側か）

によって分けられたのではないかという意見が大勢である。

植民地時代のルワンダ

ルワンダでは遅くとも一七世紀までに王国が成立していた。その頃からトゥチ人とフトゥ人との区別はあったとされる。王国の支配層には主として牧畜従事者のトゥチ人が多く、主に農民から構成されていたフトゥ人を支配していた。しかし、両者間の境界は厳密ではなく、社会的に流動した結果、トゥチ人からフトゥ人へ、またはその逆の動きもあった。そうした「支配―被支配」関係が不明確であったり、そもそも存在していない場合もあったりした。この当時に重視されていたのは、トゥチ人とフトゥ人というカテゴリーではなく、ローカルなレベルでの氏族的な関係であったという。

一八八九年にドイツの保護領になったルワンダは、ドイツの第一次世界大戦敗戦に伴い、ベルギーの実質的管理下に置かれた。ルワンダ（当時はルアンダ）は同じく旧ドイツ領で南隣のブルンディ（当時はウルンディ）と共にルアンダ＝ウルンディとして統治される。ベルギーは第二次世界大戦後も国連信託統治領としてルアンダ＝ウルンディを支配していたが、ルワンダでは伝統的な君主制が残されていた。

このベルギー植民地時代に、トゥチ人が独占的支配者となったのである。ベルギーは民族名が明記された身分証明書も発行する。他方で、近代化に伴った伝統的な社会秩序の稀釈化や消滅もあり、ルワンダ内の集合的アイデンティティはトゥチ人やフトゥ人という民族へと固定化していくことになった。

「社会革命」

ここでいう「社会革命」とは、ルワンダの政治権力の担い手がトゥチ人エリートからフトゥ人エリートへと替わっていく過程である。「社会革命」は独立以前から始まっていた。ルワンダでは、政党の結成は一九五九年に始まった。主なものは、トゥチ人を主たる基盤とし、王制維持を主張するルワンダ国民連合と、フトゥ人のフトゥ解放運動党であった(フトゥ解放運動党は、後に「共和民主運動―フトゥ解放運動党」と名乗るが、実態に大きな変更があった訳ではないので、本書ではフトゥ解放運動党で統一する)。

当時は地方行政官のほとんどをトゥチ人が占める中で、一九五九年一一月初め、数少ないフトゥ人の地方行政官がルワンダ国民連合の支持者によって暴行されるという事件が起きた。これが発端となり、各地で衝突や混乱が発生し、その過程で多くの地方行政官が殺害されるなどした。その結果、それまではほぼトゥチ人の独占状態にあったポストの多くが空席となった。ベルギー植民地当局は軍隊を導入して事態を鎮め、空いたポストの多くにフトゥ人を充てた。その結果、州知事や副知事の多数派はフトゥ人出身者となったのである。一九六〇年六月から七月にかけて初めて行われた地方議会選挙においても、トゥチ人政党のルワンダ国民連合がボイコットした為に、フトゥ解放運動党が四分の三を占めた。

一九六〇年一〇月には、ベルギー植民地当局の指導下、暫定政府も成立した。ベルギーとフトゥ人の主導による独立に強く反対したのは、ルワンダ国民連合とルワンダ国王のキゲリ五世であった。国際社会は彼らを支持し、ベルギーは国会選挙の延期を決定した。

しかし今度は、フトゥ人エリートがこれに強く反対した。一九六一年一月、フトゥ人中心の暫定政府は王制の廃止と共和制の導入とを一方的に宣言し、新大統領にはフトゥ人が就いた。新設の国会では、九割以上の議席がフトゥ解放運動党によって占められた。

ベルギーはルワンダの共和制化を追認したが、国連総会の場で、フトゥ解放運動党の行動の非合法性、ベルギーの姿勢が強く批判され、独立過程の合法化の為に、制憲議会に向けた普通選挙と王制存続の可否を問う国民投票が実施されることとなった。一九六一年九月二五日に行われた投票結果のうち、制憲議会については、フトゥ解放運動党が三分の二を占め、フトゥ人主導の政治が正当化されることとなった。国民投票では八割近くが王制存続に反対し、ルワンダにおける共和制導入が正式に決定された。大統領にはフトゥ人のカイバンダが選出された。ここに「社会革命」は完成した。

「イニェンジ」の侵攻

ルワンダは一九六二年七月一日に共和制国家として独立した。初代大統領には、フトゥ解放運動党の党首であるカイバンダが前年に引き続いて選出された。

フトゥ人主導のルワンダにとって、最も深刻な問題は、「社会革命」の際に極度に悪化したトゥチ人との関係である。特に、国外に脱出していたトゥチ人武装組織による侵攻であった。彼らは「イニェンジ」と呼ばれており、それはルワンダ語で「ゴキブリ」を意味していた。

カイバンダ政権は、議会において圧倒的多数を占めるフトゥ解放運動党を権力基盤としていた。トゥチ人に対するフトゥ解放運動党の姿勢は、「イニェンジ」の侵攻がある為に厳しくなっていった。「イニェンジ」の侵攻は独立前の一九六一年から繰り返し行われ、特に、ブルンディ領から「イニェンジ」が行った一九六三年一二月の侵攻は、首都キガリの陥落まで噂される程に、カイバンダ政権にとって危機的なものであった。これらの侵攻に対するフトゥ人の行動は、報復としてのトゥチ人襲撃であった。一九六三年一二月の侵攻に対する報復によって、一万四〇〇〇人のトゥチ人が殺害されたという。

しかし、殺戮はトゥチ人とフトゥ人の間のみならず、同一民族内でも生じていた。特にフトゥ人の間での穏健派と急進派との対立が深刻であった。ルワンダにおいて、「イニェンジ」を匿うものは「イニェンジ」の味方、ゴキブリの仲間であると見なされたのである。

ブルンディの情勢

ブルンディはルワンダと同時、一九六二年七月一日に、同じくベルギーによる国連信託統治領ルアンダ＝ウルンディから独立した。民族構成もルワンダとよく似ており、国民の八割がフトゥ人、一割強がトゥチ人であった。

他方で国家制度は異なっていた。ルワンダが共和制を採用したのに対して、ブルンディでは、最初はトゥチ人国王を元首とする王制が敷かれており、フトゥ人とトゥチ人を共に包摂する国民統一進歩党がブルンディをまとめていた。一九六六年にクーデターにより共和制国家へと変わるが、初代大統領のミチョンベロは軍人出身のトゥチ人であった。

ルワンダとブルンディは、当初は経済連合を結んでいたが、ルワンダにおけるトゥチ人虐殺を理由にして一九六三年に解消された。ブルンディにおける政治動向はルワンダに大きな影響を与え続けることになる。

一九七三年のクーデターとハビャリマナ政権

一九七二年四月、ブルンディにおいて、トゥチ人中心の軍事政権に不満を持つフトゥ人による蜂起が発生した。ミチョンベロ大統領は戒厳令を発し、フトゥ人討伐に乗り出した。最大二〇万人のフトゥ人が殺害され、多数のフトゥ人難民がルワンダに逃げ込んできた。

カイバンダ大統領はこの混乱を乗り切ることができなかった。一九七三年七月、ルワンダ国防相兼軍参謀総長でフトゥ人のハビャリマナがクーデターを起こしたのである。トゥチ人は、カイバンダ時代にしばしば政権安定化のスケープゴートとして迫害されてきた為に、ハビャリマナを支持した。ハビャリマナは、軍の内部に国民統合平和委員会を結成し、それが母体となったクーデターが成功したのである。この委員会は、たとえ表面的であったにせよ、フトゥ人とトゥチ人との融和を主張した。そして、クーデター成功と同時に、フトゥ人政党のフトゥ解放運動党は解散させられ、軍政が導入された。

ハビャリマナ政権はフトゥ人とトゥチ人との融和を呼び掛けていたが、その実態は、ギセニイ州、ルヘンゲリ州を中心とするルワンダ北西部出身のフトゥ人軍人による政権であった。その後、ハビャリマナは一九七八年に憲法を改正し、軍政を廃止した。一九七五年結党の開発国民革命運動が軍に替わって、ハビャリマナの権力基盤となるのである。開発国民革命運動以外の政党は非合法化され、ハビャリマナ政権は一党独裁政権となる。

開発国民革命運動の党員は国民全員であった。しかし政権を支えていたのは、軍事政権時代と同じ、ルワンダ北西部のフトゥ人であったという。しかも、時代を経るに従って、ハビャリマナ文民政権の基盤は次第に狭まっていく。その行き着くところは「アカズ」であった。アカズとはルワンダ語で「小さな家」を意味し、一種の集権的な非公式のパトロン・クライアント・ネットワークであった。それは、ハビャリマナ夫妻と同じ地方の出身者やハビャリマナの妻の兄弟を中心とした、非常に限定的なものであった。

ハビャリマナ政権は基盤の縮小と同時に、経済危機にも襲われる。ハビャリマナ時代のルワンダは当初こそ経済的に潤っていた。当時の主たる輸出品は、鉱産物(特に錫)と農産物(特にコーヒーと紅茶)であった。しかし錫の価格下落に加えて、ルワンダにおける錫の生産と販売を独占していた企業が倒産した。その後のルワンダ経済を支えたのはコーヒーであったが、コーヒーの価格も下落していくのである。

これがルワンダ経済に大打撃を与えたことは当然であった。ハビャリマナは、経済危機に伴う国内の不満の高まりなどに対応せざるを得ず、一九九一年六月の憲法改正でルワンダに複数政党制を導入した。その結果生まれた野党が急成長し、政党間、政党内の政争の故に民族間関係が政治化し、民族主義が急進化するのである。更に、ハビャリマナ政権に翳りが見えてきた頃に、国外からトゥチ人がまたもや侵攻してきた。それがまた、フトゥ人の民族主義的言説を急進化させるのである。

急進的な民族主義的言説の流布

既に述べたように、トゥチ人とフトゥ人との識別の基準はそもそも、民族的であるというよりも社会階層的であった。それが、植民地時代の似非人類学的な学説の出現、植民地政策への反映によって、両者を隔てる基準は「民族的」なものとなってしまうのである。

とはいえ、それだけであれば、トゥチ人とフトゥ人とは、単なる民族的カテゴリーに過ぎない。両者に集合的な民族的アイデンティティが生まれるには、アイデンティティの内在化と社会化が必要なのである。

アイデンティティの内在化と社会化は、「社会革命」時代より進行していた。しかし、それが深化していったのは、ハビャリマナ政権時代であった。ハビャリマナ政権はその求心力が減衰するに従って、政権の基盤をアカズなどの急進派に求めていったのである。

急進派が立場を過激にしていった結果が、「フトゥ・パワー」と呼ばれるフトゥ民族主義的なイデオロギーの出現であり、その象徴が「フトゥ人の十戒」であった。「十戒」とは言うまでもなく、「モーゼの十戒」に準えたものであり、キリスト教信者がほとんどを占めるフトゥ人へのアピール力を十分に意識した名称であった。「フトゥ人の十戒」においては、トゥチ人との婚姻を始めとする関係の拒否など、フトゥ人同士の連帯が強調されると共に、各分野でのフトゥ人による権力の確立が求められていた。

「フトゥ人の十戒」は一九九〇年一二月にフトゥ人急進派のタブロイド紙『カングラ』に掲載されたものである。後にトゥチ人虐殺を激しい放送内容で煽動したことで有名になった「ミルコリンヌ(千の丘)自由ラジオ・テレビ」も、「フトゥ・パワー」を代弁するメディアであった。

トゥチ人亡命者とウガンダ

一九九〇年一〇月一日に、ルワンダ愛国戦線がウガンダからルワンダに侵攻してきた。ルワンダ愛国戦線は「社会革命」の際にウガンダに逃げていったトゥチ人が結成したものであり、フトゥ人にとっての「イニェンジ」のひとつであった。

フトゥ人に追われてルワンダより越境してきたトゥチ人に対して、当時のウガンダ大統領オボテは厳しい排斥的な姿勢で臨んだ。一九七一年一月にオボテ政権をクーデターで倒したアミンはトゥチ人を優遇したが、一九七九年四月に大統領の座を追われた。翌年五月にオボテが大統領に復職すると、ルワンダ難民のトゥチ人は再び政府による排斥運動に直面し、ウガンダの反政府武装組織である国民抵抗軍に大挙して加わっていった。オボテ政権は一九八五年七月に倒された。一九八六年一月には、国民抵抗軍を支持基盤とするムセヴェニが大統領に就任した。ムセヴェニは国民抵抗軍で活躍したトゥチ人を重用したが、今度はそれに対してウガンダ国内で不満が高まるのである。その結果、ムセヴェニはトゥチ人に対する姿勢を一変させた。

ウガンダのトゥチ人難民は、一九八〇年には既に最初の政治団体である国民統一ルワンダ同盟を結成し、ルワンダへの帰国を狙っていた。ウガンダで迫害されるトゥチ人難民にとって、残された選択肢は、ルワンダ侵攻であったのである。

「社会革命」から既に三〇年近くが経過し、トゥチ人難民の内部でも世代交代が進んでいた。一九八七年に国民統一ルワンダ同盟から改編されたルワンダ愛国戦線においても、リーダーの一人、カガメは一九五七年生まれであった。「社会革命」を経験していない世代がトゥチ人難民のリーダーシップを掌握していくのである。

ルワンダ愛国戦線の侵攻

ルワンダ愛国戦線による侵攻に対抗して、ハビャリマナも国防体制の強化に慌てて取りかかる。また国内の各政党もそれぞれの民兵組織を整えていく。特に有名であったのは、開発国民革命運動の青年組織が土台となったインテラハムウェであった。

ルワンダの政府軍、各党の民兵組織とルワンダ愛国戦線との戦闘の一方で、市民に対する殺害や暴行も始まっていた。各政党の民兵組織間の衝突も起きていた。そして、派兵するが早々に撤退したベルギーに替わり、ハビャリマナ政権維持の立場で軍事介入を行っていたのはフランスであった。

戦況が次第にルワンダ愛国戦線に有利に傾いていく中で、和平の気運が高まっていった。その契機は、一九九二年四月に、ハビャリマナ大統領の下で、野党共和民主運動のンセンギヤレミエが首相に就任したことであった。和平交渉は五月に始まった。一年強の交渉を経て、一九九三年八月には、タンザニアのアルーシャで和平協定が締結された。これをもって、ルワンダ紛争はひとまず終わったかに見えた。

アルーシャ協定

アルーシャ協定の内容は次の通りである。まず協定発効の二二カ月後に議会選挙が予定され、それまでは暫定的な移行期政権が統治することになった。そして、ハビャリマナ大統領の権限は大幅に削減され、移行期の実権はこの政権に委ねられることとなった。

ポストの割り振りについては、閣僚ポストでは、ルワンダ愛国戦線には、ハビャリマナの党である開発国民革命運動と同数が割り当てられた。移行期の国民議会においても、両者は同数の議席を獲得することとなった。軍については、ルワンダ政府軍とルワンダ愛国戦線部隊の割合が、司令官レベルで五〇%対五〇%、兵士レベルで六〇%対四〇%と定められた。

アルーシャ協定の文言からは、ハビャリマナ側の敗北は明らかであった。国際社会も関与した協定交渉の場で敗れたハビャリマナ側が取った方策は、実施の引き延ばしであった。結局、移行期政権はジェノサイド開始まで成立せず、協定は死文化したのである。

この間、アルーシャ協定の受諾か拒否かという問題によって、穏健派と急進派との対立が表面化してくる。そして、アルーシャ協定の拒否に向けて、政党の垣根を越えて、フトゥ民族主義的急進派の糾合が行われるのである。

ブルンディのクーデター

この動きを更に促進したのが、一九九三年一〇月にブルンディで発生したクーデターであった。ブルンディではミチョンベロ大統領が一九七六年一一月に政権を追われた後も、トゥチ人の大統領が続いていたが、両民族間の関係改善の兆しは見られなかった。トゥチ人のブヨヤ大統領は事態打開の為に複数政党制を導入した。その結果、フトゥ人のンダダエが、ブルンディ建国以来最初の民選大統領として選出されたのである。しかし、ンダダエは、トゥチ人急進派の軍部クーデターによって、一九九三年一〇月に暗殺された。

この事件が、ルワンダのフトゥ人急進派に恰好の口実を与えるのである。ルワンダ愛国戦線が、一九九三年二月に停戦合意を一方的に破棄して、キガリ近郊に迫ったことがあり、このことも急進派の影響力を増大させることに繋がった。フトゥ人急進派の報道メディア「ミルコリンヌ自由テレビ・ラジオ」も既に同年八月から放送を開始しており、「フトゥ人＝善、トゥチ人＝悪」という単純な構図のフトゥ民族主義のイデオロギーが浸透していった。

フトゥ人急進派はハビャリマナの指導力不足を公言し始め、殺害予告すら出されていた。

ハビャリマナ暗殺

一九九四年四月六日、ハビャリマナはタンザニアの首都、ダルエスサラームで、近隣諸国の首脳と共に、ブルンディ情勢に関する意見交換を行った。その後、ハビャリマナは自身の専用機でルワンダの首都、キガリへの帰路に就いた。これには、ブルンディ大統領でフトゥ人のンタリャミラも同乗していた。

同日の夕刻、専用機がキガリ空港に接近したところで、二発のミサイルが地上から発射され、専用機は撃墜された。ハビャリマナ、ンタリャミラの他、ハビャリマナの側近など同行者、搭乗員は全員即死であった。

憲法の規定に基づいて、国民議会議長のシンディクブワボが四月八日に暫定大統領に就任した。大統領によって首相が任命され、首相が組閣を行った。新内閣の治安関係の要職にはフトゥ人急進派が顔を揃えていた。虐殺の計画は事前に準備されていたともいう。

政権中枢の「粛清」

虐殺の実行者にとってまず障害となるのは、敵対民族ではなく同胞民族内の穏健派であった。

ルワンダにおけるフトゥ人による虐殺もその例外ではなかった。フトゥ人急進派は、まずフトゥ人穏健派の著名人の排除を行う。シンディクブワボの暫定大統領就任前、四月七日未明から、大統領警備隊などによって、ハビャリマナ大統領の下での首相を含めた四人の現役閣僚、最高裁判所長官など、以前からフトゥ人急進派の非難の対象となっていた人々が次々と殺害されていくのである。

こうして首都キガリにおいて、まずはアカズや与野党の急進派によって穏健派が一掃され、急進派が政権中枢を独占した。急進派が次に行うことは、トゥチ人虐殺の指令を各地に発することであった。それを受けて、地方政府の幹部を中核とした地方エリートなどが民兵らを率いて虐殺を行うのである。

虐殺の実際

ルワンダ虐殺の期間は、四月七日(ハビャリマナ大統領暗殺の翌日)から七月一八日(ルワンダ愛国戦線の戦闘終結宣言)までとされ、その間に五〇万人から一〇〇万人が犠牲となったと言われている。しかし、虐殺行為は期間の前半に集中している。

この間に進行していたルワンダ紛争は大きく二つの側面に分けることができる。フトゥ人急進派主導の虐殺、そしてルワンダ政府軍やフトゥ人武装組織とルワンダ愛国戦線との戦闘である。

ルワンダの虐殺拡大のスピードは他の虐殺事件と比較すると、際立って速い。キガリで政権中枢を掌握したフトゥ人急進派が各地の暴力機構や民兵を利用して虐殺を組織的に行ったことが、その主な理由である。一般の民衆も参加しているが、大規模な虐殺事件において果たした役割は、トゥチ人を追い込んだり、逃げないよう取り囲んだりすることなどであり、彼らは脇役であった。しばしば言われているように、未組織のフトゥ人個人か、あるいは組織されていても小規模なフトゥ人集団が取り憑かれたように鉈でトゥチ人を斬り殺しているという構図で終始した訳では、必ずしもない。それだけでは、多数のトゥチ人を短期間で殺害することは物理的に不可能なのである。

ルワンダ愛国戦線の全土制圧

四月七日以降のルワンダ紛争における第二の側面は、武装組織間の戦闘である。

アルーシャ協定に従って、キガリにはルワンダ愛国戦線の部隊が駐留していた。ハビャリマナ大統領の殺害後、キガリ駐留部隊はルワンダ政府軍との戦闘を継続しながら血路を開き、北部の主力部隊と合流した。

ルワンダ愛国戦線は態勢の立て直し後、反撃を開始した。部分的には激戦もあったとはいえ、数は多くとも士気が低いルワンダ政府軍の劣勢は明らかであった。ルワンダ愛国戦線は七月四日にキガリに入城し、戦闘の帰趨は決定的となった。

フトゥ人側の最後の拠点は北部のルヘンゲリ州であった。フトゥ人部隊は七月一三日にそのルヘンゲリ州からも離れて、西隣のザイール(現在のコンゴ民主共和国)へと逃れていった。七月一八日、ルワンダ愛国戦線総司令官のカガメは戦闘終結宣言を行った。

国際社会の関与

この間、国際社会はどのような立場で臨んでいたのだろうか。

そもそも一九九三年六月の国連安保理決議八四六によって、国連ウガンダ・ルワンダ監視団が両国の国境沿いに展開し、その目的は国境監視であった。その後、アルーシャ協定の履行を促進する為に、国連安保理決議八七二により、国連ルワンダ支援団が一一月に展開し始めた。

こうしたときに、一九九四年四月六日のハビャリマナ大統領殺害事件が発生したのである。国連ルワンダ支援団は為す術がなかった。更に、四月七日の首相殺害に巻き込まれて、首相警備のベルギー兵一〇人が殺害された。ベルギー部隊はこれで撤退し、国連ルワンダ支援団は大幅に減員された。司令官のダレールは、事態の悪化に直面して増員要求を行ったが、増員されたのは戦闘終了後であり、虐殺の阻止には全く役立たなかった。

その間、国連安保理決議九二九により、フランス軍を中心とする多国籍軍が活動することとなった。「トルコ石作戦」である。他方、フランスとは対照的に、関わりたくないという国際社会の姿勢を最も象徴していたのが、クリントン政権のアメリカであった。

国連事務総長ブトロス＝ガーリは、ボスニア紛争と比べても遥かに悲惨な展開を示しているにも拘わらず、国際社会の関心がルワンダに向けられていない事態について、アフリカへの差別の故であると強く批判していた。

エピローグ

ルワンダ愛国戦線の勝利宣言後、開発国民革命運動は解散させられ、ルワンダには国民統一に向けた政権が成立した。当初は、フトゥ人ながらルワンダ愛国戦線に属しているビジムングが大統領に就任していたが、二〇〇〇年三月にカガメが大統領になった。「アフリカの奇跡」とも称せられる戦後復興を遂げているルワンダにとって、課題は難民と、ジェノサイドの間に行われた犯罪である非人道的行為に関するものである。

約二〇〇万人とされるフトゥ人難民の中には、インテラハムウェのメンバーなども含まれていた。ルワンダ愛国戦線によるインテラハムウェ掃討は、隣国を巻き込んだ二回のコンゴ戦争を引き起こし、その犠牲者は約五四〇万人にも上るという。

ルワンダのジェノサイド関連の裁判は二つの形式で行われている。タンザニアのアルーシャに設置されているルワンダ国際刑事裁判所によるものと、ルワンダにおける伝統的な民間の法廷を法制化したガチャチャによるものである。

二〇〇六年一一月、フランス司法当局は、ハビャリマナ大統領殺害の首謀者として、現大統領のカガメなどルワンダ愛国戦線の幹部を名指しした報告書を提出し、更にカガメの側近などについて国際手配を行った。ルワンダはこれに抗議し、フランスと一旦は断交した後、二〇〇九年一一月に英連邦五四番目の加盟国となっている。フランス司法当局は二〇一二年一月の報告書では、大統領殺害の責任については明言を避けている。

第4章　ナゴルノ・カラバフ

——体制変動と民族紛争——

ナゴルノ・カラバフ自治州近くの山間部で，アゼルバイジャン軍の戦車を捕獲し喜ぶ自治州防衛隊．ロイター＝共同，1993年4月13日

グルジア
ロシア
カスピ海
トビリシ
ステパナケルト
（ハンケンディ）
アルメニア
アゼルバイジャン
スムガイト
バクー
エレヴァン
ナゴルノ・カラバフ
ラチン
トルコ
ナヒチェヴァン
アルメニア人
実効支配地域
0
100 km
アゼルバイジャン
イラン

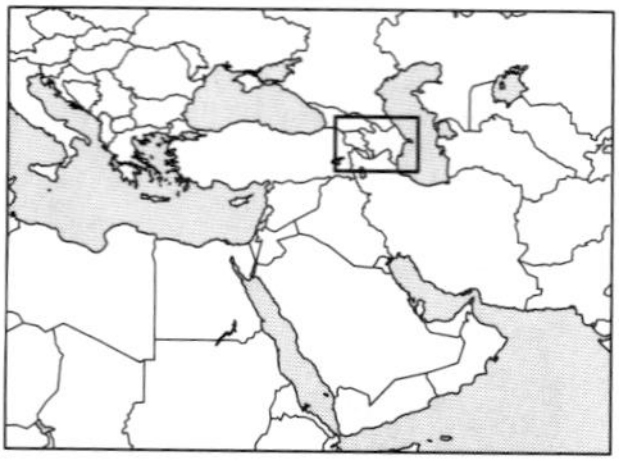

【ナゴルノ・カラバフ紛争のあらまし】

現在のナゴルノ・カラバフ問題の起源は第一次世界大戦中に遡ることができる。一九一七年のロシア革命後に南コーカサスでは、アルメニア、アゼルバイジャン、グルジアが次々に独立した。その後、アルメニアとアゼルバイジャンとの間で国家間戦争が生じた。その原因のひとつがナゴルノ・カラバフの帰属であった。ソ連による両国の「吸収」後、ソ連共産党はアゼルバイジャンの帰属を最終的に決定し、一九二三年七月、アゼルバイジャン領内にナゴルノ・カラバフ自治州が設立された。

アルメニア人の不満は強かった。アルメニア人が民族的多数派を占めるナゴルノ・カラバフがアゼルバイジャン領内に留め置かれた上、アルメニアとイランとの国境にあるアゼルバイジャン人地域、ナヒチェヴァンは自治共和国としてアゼルバイジャンの帰属とされたからである。

その後、ナゴルノ・カラバフでは、アルメニア人のアゼルバイジャン支配に対する反発が断続的に生じていたとはいえ、問題は「凍結」されていた。ゴルバチョフの登場以後、それが「解凍」されるのである。一九八八年二月のナゴルノ・カラバフ自治州による帰属変更の決定を発端に、アルメニア、アゼルバイジャンではそれぞれの民族主義が政治化していく。一九九〇年一月には非常事態宣言が発せられ、アゼルバイジャンの中心都市バクーにはソ連軍、ソ連内務省部隊が投入されるという事態となった。

一九九〇年初めからは、両民族の民兵による相手民族の市民への襲撃、民兵同士の小競り合いも起きていた。ソ連が事態を収めることは最早不可能であった。こうした状態の時に、ゴルバチョフに対するクーデター未遂事件が起きるのである。ソ連の影響力は更に低下した。

両者はソ連に見切りを付けて独立宣言を発し、ソ連は一九九一年一二月に終焉を迎えた。それは両国による国家間戦争の開始をも意味していた。戦況はアルメニアに有利に推移し、一九九四年五月の合意によって、ナゴルノ・カラバフのみならず、同地とアルメニアを結ぶ領域も、アルメニア人側の実効支配下にある。ナゴルノ・カラバフ問題は再び「凍結」されたのである。

体制変動による民族問題の政治化

民族問題はそもそも文化的なものである。民族とは文化的共同体だからである。しかし、民族問題は頻繁に政治の舞台に引きずり出される。例えば、既存の政治秩序が不安定化し、更に崩壊してしまう体制変動は、民族紛争の発生に強く影響するのである。

冷戦時代終了後、民主主義は普遍的なイデオロギーとなりつつある。言うまでもなく、民主化は体制変動のひとつのパターンである。本書で取り上げる民族紛争はいずれも、直接的にせよ間接的にせよ、民主化の影響を受けている。

二〇世紀末からの数多ある体制変動の中で、ソ連の崩壊がその最大のものであることに反対する者はほとんどいないだろう。ソ連の崩壊自体は民主化の過程に伴って生じたとは言えないかもしれないが、ソ連の崩壊及びその後の混乱が民主化と密接に関係していることには、これまた異論の余地はほとんどなかろう。

ナゴルノ・カラバフを巡る紛争は、ソ連の民族的多数派であるロシア人が主たる紛争当事者となることなく、共にソ連時代の民族的少数派であったアルメニア人とアゼルバイジャン人との紛争であったこと、ソ連崩壊によって国内の民族紛争であったものが国家間戦争に変化していったこと、これらの点から非常に稀有な民族紛争のケースである。

アルメニアとアゼルバイジャン

本章の舞台となる南コーカサスは、黒海とカスピ海を繋ぐカフカース（コーカサス）山脈の南に広がる地域であり、現在はアルメニア、アゼルバイジャン、グルジアの三国が存在する。三国はいずれもソ連に属していたが、一九九一年に独立した。カフカース山脈の北(北コーカサス)はロシア領であり、北コーカサス連邦管区に属している。

アルメニアの面積は約三万キロ平方キロメートル、人口は約三〇〇万人である。国民の九八%近くがアルメニア人である。かなりの数のアルメニア語の話者が、隣国イランにも居住しているともされる。アルメニア語はインド・ヨーロッパ語族に属するが、他に類似した言語のない独立の言語である。文字も独特なアルメニア文字を用いている。宗教は、キリスト教東方正教会のひとつであるアルメニア教会である。

アゼルバイジャンの面積は約八・七万平方キロメートル、人口は約八九〇万人である。面積、人口共にアルメニアの約三倍である。アゼルバイジャン国民の九〇%以上がアゼルバイジャン人である。アゼルバイジャン語はチュルク諸語のひとつであり、現在はローマ字、かつてはキリル文字で表記されていた。西隣のトルコ語や東隣のトルクメン語に近いとされる。アゼルバイジャン語の話者はイランに多数居住しており、東西のアーザルバーイジャン州が設けられている程である。アゼルバイジャン人の宗教はイスラム教シーア派であり、イランと同じである。

二つの飛び地

ナゴルノ・カラバフとは「山岳カラバフ」の意味であり、カラバフ地方の一部である。またカラバフとは、チュルク諸語やペルシャ語で「黒い庭」を意味すると、一般的に言われている。

現在のナゴルノ・カラバフは一方的に独立を宣言しているが、それ以前はアゼルバイジャン領であった。しかし民族的多数派はアルメニア人であり、一九七九年の国勢調査によれば、住民の七六%がアルメニア人であった。言わば、アゼルバイジャン領におけるアルメニア人地域の飛び地である。この飛び地が、ソ連時代から帰属の変更を求めていたのである。

一方、アゼルバイジャン人にも飛び地があり、ナゴルノ・カラバフと同じく、係争地であり続けた。アルメニア南部、イランとの国境に位置するナヒチェヴァンである。一九七九年の国勢調査では、住民の九五%以上がアゼルバイジャン人である。ナヒチェヴァンは、ナゴルノ・カラバフとは対照的に、アゼルバイジャンと陸続きではないにも拘わらず、アゼルバイジャン領である。

「文明の十字路」と大国の角逐

コーカサス地域はまさに「文明の十字路」であった。ビザンティン帝国、歴代ペルシャ(イラン)の王朝、セルジューク・トルコ、オスマン帝国、ロシア、ソ連が代わる代わる支配したり、強い影響力を行使したりしてきた。

本章で扱うアルメニア、アゼルバイジャン、ナゴルノ・カラバフの領域を長らく有していたのはイランであった。しかし、イランのガージャール朝はロシアに圧迫され、ゴレスターン条約(一八一三年)、トルコマンチャーイ条約(一八二八年)により、大幅に領土を南へ撤退させていった。その後、一九〇七年八月の英露協商締結の結果、ロシアとイギリスとの間で勢力圏の境界画定が為された。南コーカサスは北コーカサスと共に、ロシア帝国のカフカース総督府の統治下に置かれた。

第一次世界大戦は当然に南コーカサスにも大きな影響を与えた。オスマン帝国はドイツやハプスブルクの側で参戦し、ロシアは三国協商のメンバーであった為にイギリス、フランスと共に参戦した。ロシアが敵国オスマン帝国内のアルメニア人を利用しようとするのは当然であった。オスマン政府は一九世紀末から既に国内のアルメニア人に対して弾圧を行い、アルメニア人もこれに抵抗していたのである。一九一五年、オスマン政府は帝国の東部に住んでいるアルメニア人に対して、メソポタミアへの強制移住を命じた。この強制移住の最中に、一〇〇万人のアルメニア人が死亡したとも言われている。現在に至っても、アルメニアとトルコとの間で、この事件に対する決着はついていない。

ロシア革命と三共和国の成立

ロシア帝国が倒れてコーカサス地域の既存の秩序が崩壊したことは、それまで封じ込められてきた南コーカサスの民族間関係を一気に表面化させることになる。南コーカサスでは当初、それぞれの民族を代表する党派が大きな政治的影響力を持っていた。代表的なものは、グルジアのトビリシで結成されたアルメニア人政党のダシュナク党(アルメニア革命運動)、バクーで結党されたアゼルバイジャン人のミュサヴァト(アゼルバイジャン語で「平等」の意味)党、それにグルジア・メンシェヴィキである。

こうした民族的諸党派は一九一八年二月にザカフカース議会を創設し、四月にはそれに基づいて、ザカフカース連邦共和国が建国されたのである(「ザカフカース」とは(不正確だが)ロシア語で「コーカサス(山脈)の向こう側」という意味)。しかし、ザカフカース連邦共和国は列強の軍事干渉と内紛などの為に建国後わずか一カ月で「空中分解」し、五月二六日にグルジア・メンシェヴィキの提案で解散した。

そして、グルジア(五月二六日)、アゼルバイジャン(五月二八日)、アルメニア(五月二八日)の順で、三つの共和国が次々と独立宣言を発したのである。

アルメニア＝アゼルバイジャン戦争

各国で政治的主導権を掌握していたグルジア・メンシェヴィキ、アゼルバイジャンのミュサヴァト党、アルメニアのダシュナク党は、それぞれの支配の正当性を民族に置き、民族的多数派中心の政治を進めていこうとした。しかし、このことは、一方で自国内の民族的少数派に圧力をかけることになり、他方で他国に居住している民族的同胞を厳しい立場に追い込むことになる。これに国境画定の問題が絡んでくる。

こうして、アルメニア＝グルジア戦争、アルメニア＝アゼルバイジャン戦争という国家間戦争も発生するのである。ナゴルノ・カラバフを含むカラバフ西部はアルメニア＝アゼルバイジャン戦争における係争地のひとつであった。当時はアゼルバイジャン領の一部であったが、同地のアルメニア人はアゼルバイジャンによる支配の正当性を認めておらず、オスマン帝国軍、アゼルバイジャン軍から攻撃を受けた。圧倒されたアルメニア人は、アルメニア人の文化的自治権の承認などと引き換えに、アゼルバイジャンによる西カラバフ領有を認めることになったのである。

こうした南コーカサスの「コップの中の嵐」に終止符を打ったのは、赤軍であった。

赤軍の進撃とソヴィエト社会主義共和国の成立

バクーに駐留していたイギリス軍が一九一九年八月に撤退すると、赤軍の南下が始まった。赤軍は一九二〇年三月に、アゼルバイジャンの北に隣接するダゲスタンを占領し始めた。

当時のアゼルバイジャン政府内は、ミュサヴァト党における左右両派の内紛の真っ只中であった。赤軍の装甲貨車の越境を背景に、共産主義者によるアゼルバイジャン革命委員会は、アゼルバイジャン議会に対して最後通牒を送った。議会はこれを受諾、一九二〇年四月二八日、アゼルバイジャン民主共和国はあっけなく崩壊し、アゼルバイジャン・ソヴィエト社会主義共和国が成立した。

アルメニアを巡る事情はもう少し複雑である。オスマン帝国から独立したアルメニアとトルコ人との関係が、そもそも不穏であった上に、アメリカ大統領ウィルソンが、第一次世界大戦後の講和条約であるセーブル条約に基づいて、領土の一部をアルメニアに割譲するように求めたのである。これが実現すれば、アルメニアは一躍、黒海沿岸四〇〇キロメートルを有する「大国」となるのであった。その後、アルメニアは、ムスタファ・ケマル(一九二三年一〇月に正式に成立するトルコ共和国の初代大統領、ケマル・アタチュルク)率いる「トルコ大国民議会」派の軍隊と交戦状態に入った。一九二〇年九月のことであった。独立間もないアルメニアが勝てる訳もなく、一一月三〇日に停戦合意が締結されたとはいえ、アルメニアは、早晩、トルコの属国となることが予想されていた。

停戦合意締結の前日、ロシア・ソヴィエト社会主義連邦共和国はアルメニアに最後通牒を示し、赤軍がアゼルバイジャンから進撃してきた。ダシュナク党は、トルコ軍と赤軍とが及ぼす影響を比較衡量した上で後者を選択し、一二月二日、アルメニア・ソヴィエト社会主義共和国が建国された。

グルジアにも一九二一年二月より赤軍が進撃し、首都トビリシを占領、ソヴィエト政権が成立した。

その後に、これら三国からなるザカフカース社会主義ソヴィエト諸共和国連邦的同盟が一九二二年三月一二日に建国された。同国は一二月一三日には、より集権的なザカフカース社会主義連邦ソヴィエト共和国へと改編された。そして、同共和国は、一二月三〇日に、ロシア、ウクライナ、ベラルーシと共にソ連の結成に参加するのである。この共和国は最終的に一九三六年に解散し、以後は、アルメニア、アゼルバイジャン、グルジアの三国がソ連に直接参加する形となった。

ナゴルノ・カラバフ自治州の成立

ナゴルノ・カラバフは、一九二〇年五月末よりアゼルバイジャン・ソヴィエト社会主義共和国に占領されていた。その後に、アルメニア・ソヴィエト社会主義共和国が建国されると、カラバフ西部の帰属問題は、ソ連共産党内部で処理すべき事項となった。

当初はアルメニア帰属の立場が有力であった。アルメニアがソヴィエト化された直後に、アゼルバイジャンからアルメニアに対して、ナゴルノ・カラバフのアルメニア帰属を認める電報が打たれていた。また、一九二一年六月一二日に開催されたソ連共産党コーカサス部局の会議において下された結論も、アルメニア帰属とするというものであった。しかし、この会議に出席していたアゼルバイジャン人民委員部首班(アゼルバイジャン首相に当たる)であり、スターリンとも親密であったナリマノフはこれに強く反発した。

コーカサス部局の会議は七月四日にも開催された。ナリマノフはその会議にも出席していたが、ナゴルノ・カラバフがアルメニアに移管される旨が、改めて決定された。しかし、その決定は一夜にして覆る。翌七月五日、コーカサス部局は、審議も投票も経ることなく、ナゴルノ・カラバフがアゼルバイジャンの帰属となると公表したのである。こうした決定変更の詳細は不明である。

一九二三年七月二三日、アゼルバイジャンの領内にナゴルノ・カラバフ自治州が設立された。ナゴルノ・カラバフはアルメニアと陸続きになることなく、両者の間にはアゼルバイジャンの直轄領が「ラチン回廊」として横たわることになった。

ナゴルノ・カラバフでは、文化・教育については自治州独自の権限が認められ、自治州レベルでの共産党や行政機関も設置された。その後には名称の一部変更があったが、ナゴルノ・カラバフは一九九一年までアゼルバイジャン内の自治州であり続けるのである。

ナゴルノ・カラバフの民族的多数派アルメニア人は、アルメニアへの帰属変更を求めていた。一九六八年には、ナゴルノ・カラバフの州都ステパナケルトで両民族間の衝突もあった。

一九七三年、アゼルバイジャン共産党第一書記のアリエフは、アゼルバイジャン共産党中央委員のケヴォルコフをナゴルノ・カラバフ自治州共産党第一書記に任命した。以後の一五年間、ナゴルノ・カラバフはケヴォルコフの支配下に置かれるのである。

ナゴルノ・カラバフ問題は「凍結」された。それが「解凍」されるには、ソ連のトップ・リーダーとしてのゴルバチョフの登場を待たなくてはならない。

ゴルバチョフの登場とナゴルノ・カラバフ問題の「解凍」

ソ連共産党書記長のブレジネフは一九八二年一一月に七五歳で死去し、後継者のアンドロポフ、チェルネンコはいずれも高齢であり、在任期間はそれぞれ約一年であった。「老人支配」が続く一方で、ソ連国内の制度的疲労やアメリカとの軍拡競争の限界などが明らかとなり、政治的な変革を求める声が高まっていた。そうした期待を背負って、一九三一年三月生まれ、五四歳になったばかりのゴルバチョフが一九八五年三月に書記長に就いた。ゴルバチョフは、停滞していたソ連の刷新を目指して、グラスノスチ(情報公開)、ペレストロイカ(改革)を進めていく。しかしこうした変化は既存の秩序の動揺を伴わざるを得なかった。

既存の秩序の中で「凍結」されていたナゴルノ・カラバフ問題は、ゴルバチョフの登場と共に次第に「解凍」されていく。しかも、アルメニア人によるナゴルノ・カラバフの帰属替えに関する請願運動が高まる中、ゴルバチョフの側近のひとりであり、アルメニア人のアガンベギアンが、一九八七年一一月に、ナゴルノ・カラバフとナヒチェヴァンのアルメニア編入の可能性を示唆したのである。

アルメニアでは一九八八年二月初めにデモが始まった。二月二〇日にはナゴルノ・カラバフにおいて、アゼルバイジャンからアルメニアへの帰属変更が大差で決定された。アルメニアの首都エレヴァンでも、大規模集会やデモが行われるようになっていった。

「スムガイト事件」と特別行政形態

ゴルバチョフは、ナゴルノ・カラバフに高官を派遣する一方で、事態を鎮静化させる為に、この問題を討議するソ連共産党中央委員会総会の開催を約束するアピールを、アルメニア、アゼルバイジャン住民に向けて放送した。

しかし、運動は止まなかった。二月二六日には、アルメニアのエレヴァンで大集会が開催され、参加者の数は一〇〇万人に上った。更にデモには一五〇万人が参加したのである。アゼルバイジャンでは事態はより深刻であった。二月二八日、首都バクー近郊の都市、スムガイトにおいて、アゼルバイジャン人とアルメニア人との衝突が起こった。「スムガイト事件」である。この事件によって、アゼルバイジャン人六人、アルメニア人二六人の合計三二人が死亡し、両民族あわせて一九七人が負傷したのである。

ゴルバチョフは、三月二日、ヤゾフ国防相の進言を容れて、スムガイトに戒厳令を発し、警察や軍を投入することで事態を収めた。そして、スムガイト事件の主たる責任が両共和国の共産党中央委員会にあるとして、両共産党の第一書記をそれぞれ更迭したのである。一二月のアルメニア地震によって約二万五〇〇〇人の犠牲者が出たが、それでもアルメニア人とアゼルバイジャン人の関係が改善することはなかった。

ソ連最高会議幹部会は、両国いずれの主張も認めることはなかった。一九八九年一月二〇日の決定は、アゼルバイジャンへの帰属の維持、アルメニアへの帰属の変更のどちらでもなく、ナゴルノ・カラバフをソ連共産党が暫定的に直轄統治するというものであった。特別行政形態の名称の下、現地の指揮はソ連共産党政治局員が執ることとなり、治安は軍隊が維持することになった。

この決定は、アルメニア、アゼルバイジャン、双方にとっての痛み分けとも言えたが、憤りは、それまでの領土を喪失することとなったアゼルバイジャンにおいてより大きかった。アゼルバイジャンではゼネストが起きる一方で、アルメニアに対して経済封鎖がかけられた。アルメニアも対抗して、ナヒチェヴァンを経済封鎖した。一一月二八日に決定は変更され、ナゴルノ・カラバフの帰属はアゼルバイジャンに戻された。アルメニアはこれに反発し、アルメニア最高会議が、アルメニアによるナゴルノ・カラバフ編入を一二月一日に決定したのである。

両民族主義の政治化と「黒い一月事件」

アルメニア人、アゼルバイジャン人の民族主義が政治化していくのは当然であった。まずアルメニアについては、一九八九年六月、言語学者のテル＝ペトロスィアンらを中心に、アルメニア民族主義に基づく政治結社のアルメニア全国民運動が結成された。こうした在野政治勢力の台頭に対抗する為に、アルメニア共産党は、一一月末の第二九回大会において、ソ連共産党から自立することを決定した。しかし、アルメニア民族主義の盛り上がりの中では、この共産党の決断が大きな効果を及ぼすことはなかった。

アルメニア全国民運動に対抗する形で、アゼルバイジャン民族主義によるアゼルバイジャン人民戦線が結成されたのは一九八九年七月のことであった。当初、アゼルバイジャン共産党とアゼルバイジャン人民戦線との勢力は拮抗していたが、アルメニアにおける民族主義の盛り上がりに呼応して、アゼルバイジャンにおいても、アゼルバイジャン人民戦線が政治的主導権を掌握していくことになる。

アゼルバイジャン最高会議はアルメニアより早く、一九八九年九月にアゼルバイジャン・ソヴィエト社会主義共和国の主権に関する宣言を採択し、共和国法のソ連法に対する優越を明らかにした。一九九〇年初頭にはアゼルバイジャン最高会議選挙も予定されており、アゼルバイジャン人民戦線の勝利が予想されていた。

双方の民族主義の政治化に従って、両民族間の関係は更に悪化し、各地で小競り合いが起き、犠牲者も出ていた。特に、アゼルバイジャン人民戦線が一九九〇年一月に開催した大規模集会では、一部の暴徒化した参加者がアルメニア人を襲撃し始めた。事態の悪化に対して、ゴルバチョフは強硬な手段に訴えるのである。

一九九〇年一月一五日、ソ連最高会議幹部会はナゴルノ・カラバフなどに非常事態宣言を発した。そして、二〇日には、ソ連軍とソ連内務省部隊の合計二万四〇〇〇人がバクーに侵攻したのである。三〇〇人以上の犠牲者が出たとされる。「黒い一月事件」である。

この結果、アゼルバイジャン人民戦線の勢いは短期的には削がれた。しかし、アゼルバイジャン最高会議は非常事態宣言の無効を宣言してソ連部隊の撤退を求めたし、バクーでは一〇〇万人が参加したという大規模な犠牲者追悼集会が開催されたのである。

アルメニア、アゼルバイジャンの対モスクワ関係

アルメニアには当初、ナゴルノ・カラバフを始めとするアゼルバイジャンとの問題について、ゴルバチョフが有利に解決してくれるという期待があった。しかし、共産党第一書記の解任

(一九八八年三月)、ナゴルノ・カラバフへの特別行政形態導入(一九八九年一月)、アゼルバイジャンへのナゴルノ・カラバフ帰属回復(一九八九年一一月)と、アルメニアの期待は叶えられるどころか、裏切られていく。その結果、一九九〇年五月のアルメニア最高会議選挙において、アルメニア民族主義を主張するアルメニア全国民運動が勝利し、テル＝ペトロスィアンが最高会議議長に選ばれたのである。

アルメニアのモスクワ離れは更に続く。一九九〇年三月に大統領制を導入して初代ソ連大統領に就任していたゴルバチョフは、ソ連の生き残りをかけて、ソ連と構成共和国との関係を再編する新連邦条約の締結を目指しており、新連邦条約を巡る国民投票を各構成共和国に求めていた。しかし、アルメニア最高会議は、一九九一年一月三一日に国民投票への参加をボイコットすることを決定したのである。二月には、共産党の活動が事実上非合法化された。アルメニアは、グルジア、モルドヴァ、バルト三国(エストニア、ラトヴィア、リトアニア)と共に、三月一七日の新連邦条約に関する国民投票をボイコットした。

一方、アゼルバイジャンでは、最高会議の選挙が、「黒い一月事件」の為に延期となった。そして、この事件によって、アゼルバイジャン人民戦線の影響力が激減した為に、一九九〇年九月の選挙では、アゼルバイジャン共産党が勝利し、アゼルバイジャン最高会議は新連邦条約を巡る国民投票への参加を決定した。一九九一年三月一七日の投票では、七五％以上の投票率を記録した。そして、前年の「黒い一月事件」にも拘わらず、投票者のうちの九二％がアゼルバイジャンの新連邦条約への参加を支持したのであった。

両国の対照的な立場は、ソ連によるナゴルノ・カラバフ紛争への姿勢に反映していくことになる。

ソ連とロシアの仲介

ナゴルノ・カラバフにおいては、一九九〇年初めより、両民族の民兵による市民に対する様々な暴力的な事件が発生していた。民兵同士の衝突、アルメニア人住民の本国への脱出も始まっていた。

当時、現地には平和維持の目的でソ連内務省部隊が展開されていた。一九九一年四月三〇日、この部隊とアゼルバイジャン軍が協力して、ナゴルノ・カラバフ北部のアルメニア人の村を攻撃し、住民の強制移住も始まった。ソ連は紛争当事者化し、解決への仲介は、最早不可能であった。それに加えて、八月にはモスクワでゴルバチョフの改革に反発する保守派によるクーデターの企てが起きたのである。クーデターは未遂に終わったが、一時期軟禁されたゴルバチョフのリーダーシップは急落し、クーデターを未遂に終わらせた立役者、ロシア大統領のエリツィンが人気を急速に高めていった。

エリツィンは、カザフスタンのナザルバエフ大統領と共に仲介活動を始めた。しかし、会談は遅々として進まず、現地では衝突が続いていた。業を煮やしたアゼルバイジャンは一一月初めにアルメニア向けの天然ガスのパイプラインを閉鎖した。アルメニアは和平会談から離れ、アルメニア軍が紛争に本格的に関与し始めた。アゼルバイジャンが占領したアルメニア人の村は次々に奪還されていった。

混乱したソ連に見切りを付けた両国は独立を宣言した。アルメニアの独立宣言は一九九一年九月二三日、初代大統領にはアルメニア全国民運動のテル＝ペトロスィアンが一〇月一七日に就任した。アゼルバイジャンでは、前年五月に最高会議において大統領に選ばれていたアゼルバイジャン共産党第一書記ミュタリボフが、九月八日の選挙によって改めて大統領に選出され、一四日に共産党を解散した。そして、アゼルバイジャンは一〇月一八日に独立を宣言したのである。

ソ連は一九九一年末に消滅し、ナゴルノ・カラバフを巡る紛争は国家間戦争へと変化していった。各地に配備されていたソ連軍やソ連内務省部隊は武器の放置や横流しを行い、紛争当事者には大量の武器が渡ることとなった。ソ連の軍人が顧問として紛争に関わる事例もあった。

アルメニアの勝利

アゼルバイジャン議会は、一九九一年一一月下旬にナゴルノ・カラバフの自治州としての地位を廃止し、州都であったステパナケルトの名称もアゼルバイジャン語によるハンケンディに改められた。これに対して、ナゴルノ・カラバフでは、州議会主導で一二月初めに、独立の可否を問う住民投票が行われた。アゼルバイジャン人住民がボイコットする中、結果は圧倒的多数で独立を可とするものであった。ナゴルノ・カラバフは一九九二年一月六日に独立を宣言した。

戦況は、当初からアルメニアが優勢であった。一九九二年二月には、州都近郊の要衝であるホジャリがアルメニア人側の手に墜ちた。ホジャリはナゴルノ・カラバフ唯一の飛行場がある町であり、ホジャリから州都へ向けて砲撃も行われていたのである。ホジャリ陥落の際には、数百人のアゼルバイジャン人市民が殺害され、ナゴルノ・カラバフ紛争最大の「悲劇」となった。ナゴルノ・カラバフにおけるアゼルバイジャン人の拠点、シュシャも五月に陥落した。アゼルバイジャンは、アルメニアとナゴルノ・カラバフの間に横たわる自国の領土である「ラチン回廊」における中心都市のラチンも五月に失った。そして、アゼルバイジャン側からナゴルノ・カラバフを攻撃できないように緩衝地帯が設けられた結果、アゼルバイジャンは、ナゴルノ・カラバフに加えて、その領土の二〇%について実効支配を失ったのである。

戦場での劣勢に加えて、アゼルバイジャンの首都バクーでは政府部隊とアゼルバイジャン人民戦線との衝突も起きていた。ミュタリボフは一九九二年三月に大統領を辞任しており、六月の選挙の結果、アゼルバイジャン人民戦線議長のエルチベイが大統領に就任した。

アゼルバイジャンはアルメニア人側に対して反攻を繰り返すが、戦局の打開には至らなかった。アゼルバイジャン人民戦線の政権は一九九三年六月に崩壊した。アリエフが大統領代行に就き、一〇月に正式に大統領に就任した。アリエフは一九八二年にアゼルバイジャン共産党第一書記を辞任して以来、一〇年ぶりのトップ・リーダーへの復帰であった。

エピローグ

その後、ロシアが「シャトル外交」を行った結果、一九九四年五月四日より、キルギスの首都ビシュケクで停戦交渉が始まった。アゼルバイジャンは現状追認に繋がりかねない内容について若干の反対をしたが押し切られ、翌五月五日に、アルメニア、アゼルバイジャン、ナゴルノ・カラバフ、ロシア、キルギスの代表が署名を行い、ビシュケク議定書に基づく停戦合意が成立した。この結果、「ナゴルノ・カラバフ共和国」によるナゴルノ・カラバフ及び「ラチン回廊」などの周辺地域の実効支配が継続することとなったのである。

しかし、アゼルバイジャンはナゴルノ・カラバフの領域的主権を放棄していない。アリエフは大統領職を二〇〇三年一〇月に息子のイルハム・アリエフに譲ったが、アゼルバイジャンのナゴルノ・カラバフに関する姿勢に変化はない。アルメニアでは、大統領がテル＝ペトロスィアンから、一九九八年二月にコチャリアン、二〇〇八年四月にサルキスィアンへと変わったが、コチャリアン、サルキスィアンは共にナゴルノ・カラバフ出身、同地で要職を務めてきている。アルメニアのナゴルノ・カラバフ問題に関する方針にも目立った変化はない。

第5章　キプロス
——本国の介入——

ニコシアのアメリカ大使館を襲撃し，星条旗を奪い取るデモ隊．このデモの最中，アメリカ大使が射殺された．AP＝アフロ，1974年8月19日

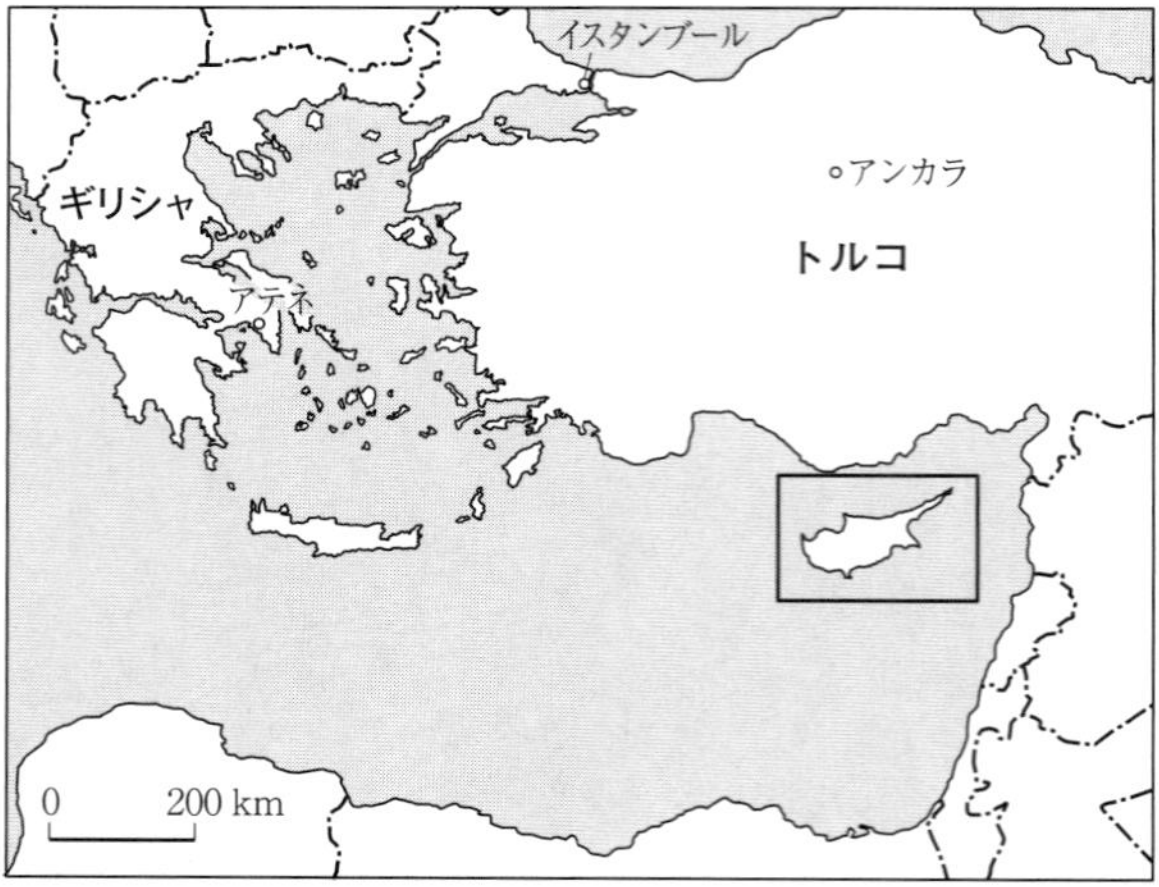

イスタンブール
アンカラ
ギリシャ
トルコ
アテネ
0 200 km

キレニア
ニコシア
キプロス
パフォス

【キプロス紛争のあらまし】

キプロスは一八七八年以来、イギリスの租借地であり、一九二五年には直轄植民地となった。それまで民族的多数派ギリシャ人と少数派トルコ人の民族意識はそもそも曖昧であったが、イギリスが導入した分割統治により、両民族間の関係は次第に敵対的なものとなる。

第二次世界大戦後、ギリシャ人は本国ギリシャとの統一を求める住民投票を成立させ、これに対して、トルコ人はキプロスの分割を求めるようになる。宗主国イギリスは両民族の本国を巻き込み、統一国家キプロスを一九六〇年八月に独立させた。一九六〇年憲法は、少数派トルコ人の保護という点で一貫していた。これが多数派ギリシャ人の不満を呼び、一九六三年末から両民族間での紛争も起きた。

初代キプロス大統領マカリオス三世はギリシャ人であったが、こうした現状に鑑み、次第に現実路線へと舵を切り始める。ギリシャ離れである。その傾向は、一九六七年四月のギリシャ軍事政権の成立以後、一層顕著となる。ギリシャの背後にはアメリカが控えており、ギリシャ離れはアメリカ離れをも意味していた。

一九七四年七月、キプロスでギリシャ軍事政権主導によるクーデターが発生した。マカリオス三世は危うく難を逃れたが、クーデター側は軍事的に優勢であった。これに対して、トルコがトルコ人保護の名目で軍事介入するのである。トルコ軍はクーデター側を圧倒する。二度の軍事介入の結果、キプロスの新政権のみならず、クーデター失敗の責任を負わされてギリシャ軍事政権も崩壊したのであった。

キプロスは以後、南北に分断されたままである。

隣国の介入

民族紛争が一国の領土だけを舞台として展開することは必ずしも多くない。たとえ戦場自体は一国内に留まっていたとしても、民族紛争の影響は国境を容易に越えていく。隣国が民族紛争に巻き込まれることもあろう。隣国が民族紛争に積極的に介入しようという場合も考えられる。介入の理由として、まず最も想像しやすいのが、紛争当事者の民族的同胞が隣国に多数居住している場合である。

「仲間を救え!」などと叫びつつデモをしている民衆に関する報道に接すると、リーダーが熱に浮かされて、隣国の同胞救済に向けて軍事介入すると考えがちである。しかし、リーダーが考えるのは、自国の国益の増大であり、時には自分の保身である。隣国の政府は、介入の理由として、民族的同胞の救済などを挙げるかもしれないが、実際の理由は別であることも多いのである。但し、民衆が同胞救済といった感情的理由に大きく動かされている場合、政府が政権を維持する為に介入することもあろう。しかしその場合にも、介入者なりの「合理的」な計算がなされていることを忘れてはならない。

一九七四年のキプロス紛争は、隣国ギリシャによって起こされ、もうひとつの隣国トルコの介入によって終了した。民族紛争に対する隣国の介入の姿を浮き彫りにする好例である。

キプロス島のギリシャ人とトルコ人

キプロス共和国は東地中海、トルコの南方にある島国である。キプロス島は、シチリア島、サルディニア島に次いで地中海第三の島、面積は約九二〇〇平方キロメートルである。美の女神ヴィーナス誕生の地とも、「東地中海の真珠」とも呼ばれる。

キプロス島に地理的に最も近い国はトルコであり、その南岸からはわずか七五キロメートルしか離れていない。キプロス島の民族的多数派のギリシャ人にとって民族的な本国ともいえる存在はギリシャだが、その島嶼部の東部にあるロードス島からですら三八〇キロメートル、本土からは実に八〇〇キロメートルも離れている。

キプロス島の六〇%はキプロス共和国の実効支配下にある。実効支配地域の人口は約八〇万人、ギリシャ人住民がほとんどである。ギリシャ人はギリシャ語を話し、ギリシャ正教(東方正教)内のキプロス正教会の信徒である。キプロス島の三七%を占め、トルコのみが承認している北キプロス・トルコ人共和国の住民、約二五万人はほぼトルコ人である。トルコ語を話し、主な宗教はイスラム教スンナ派である。その他、キプロス島には国連キプロス平和維持軍が展開する「グリーン・ライン」、イギリスの主権下にある「主権基地地区」がある。

もっとも、キプロス島のギリシャ人は、本国から長期間遠く離れて居住しており、ギリシャ系キプロス人(そしてトルコ人についてはトルコ系キプロス人)とする方が学問的には正確かもしれない。しかし、本書では、両者の相違を過度にクローズアップすることなどを避けるため、原則として、ギリシャ人(トルコ人)、誤解を招く可能性がある場合は、ギリシャ人住民(トルコ人住民)と表記する。

メガリ・イデアとエノシス

ギリシャ人はバルカン半島や東地中海沿岸・島嶼部に広く居住している。ギリシャが一八三〇年にオスマン帝国から独立して新王国となったとき、国外には国内の三倍ものギリシャ人が存在していたという。国外のギリシャ人地域を「奪還」することはギリシャの悲願であった。国内が不安定であった新興独立国のギリシャ王国は、内外のギリシャ人の結集を目的とする大ギリシャ民族主義的なスローガンによって、国内の結束を図るのである。

国外のギリシャ人地域統合を求める考えは、メガリ・イデア（ギリシャ語で「偉大なる思想」の意味）と呼ばれていた。キプロス島は、第二次世界大戦後のギリシャにとって、唯一残された回復可能性のある未回収地であった。

キプロス島のギリシャ人はどのように考えていたのだろうか。実は、キプロス島の多くのギリシャ人の間でも、エノシス（ギリシャ語で「統一」の意味）と表現される、ギリシャ本国との合同が望まれていたのである。

キプロス島への関心を長らく有していた列強はイギリスである。中東の重要性が増すに従って、イギリスにとって、キプロス島はいよいよ手放せない地域となっていく。イギリスとして、エノシスは決して認められなかった。これに対して、キプロス島内のギリシャ人住民の反発が高まるのは当然であった。

イギリス統治と民族意識

キプロス島はその占める地理的位置から、東地中海の要衝でもあった。それ故に、古来より様々な国家による争奪の対象でもあった。ギリシャからの移民によりギリシャ文明が根付いたキプロス島は、数多の変遷を経て、一五七一年にヴェネチア共和国領からオスマン帝国領となった。このオスマン帝国時代に多数のイスラム教徒が移住してくるのである。

オスマン帝国が次第に国力を衰退させていく中で、イギリスは、当初はオスマン帝国をロシアの南下に対する緩衝国と見なしていたが、露土戦争（一八七七―七八年）を契機として方針転換し、自ら地中海安全保障の直接維持に乗り出していく。その対外政策転換の表れが、一八七八年六月のイスタンブール協定であった。これによって、イギリスはオスマン帝国領キプロス島の租借を実現する。

イギリス統治下ではキプロス正教徒がギリシャ人、イスラム教徒がトルコ人であると規定された。トルコ人を利用した分割統治も採用された。それまで曖昧であったり平和的であったりした民族間関係を、この分割統治が明確かつ敵対的なものにするのである。イギリスはキプロス島を併合し、一九二五年に直轄植民地とした。

他方で、オスマン帝国は第一次世界大戦に敗北し、その後一九二〇年八月に非常に屈辱的な講和、セーブル条約を米英仏などと結んだ。セーブル条約締結時のアナトリア半島には、オスマン帝国、ムスタファ・ケマル（第4章にも登場した、後の初代トルコ共和国大統領）が指導するアンカラ政権、戦勝国ギリシャの軍隊と、三者による実効支配地域が入り乱れていた。こうした混乱を収拾したのはムスタファ・ケマルであった。ギリシャ軍は一九二二年九月にアナトリア半島から駆逐され、オスマン帝国も一一月に滅亡したのである。

ムスタファ・ケマルは一九二三年七月にローザンヌ条約を締結した。これによって、セーブル条約は破棄され、一〇月にはアナトリア半島と、イスタンブール周辺などのヨーロッパ部を合わせてトルコ共和国が成立したのであった。

この間、一九二三年一月に、トルコとギリシャとの間で住民交換に関する協定が結ばれた。トルコから一一〇万人、ギリシャから三八万人がそれぞれ相手国へと移住させられたのである。

エノシスとタクスィム、そして第三の道

第二次世界大戦後、キプロス島のギリシャ人住民によるエノシス実現を求める運動において、代表的な人物はムスコスとグリヴァスであった。ムスコスはキプロス正教会の聖職者（一九五〇年一〇月より大主教マカリオス三世）である一方で、ギリシャ人住民の政治リーダーであった。彼

は一九五〇年一月にキプロス島でギリシャとの統一を巡る住民投票を実施した。その結果は、圧倒的多数で統一を可とするものであった。グリヴァスはキプロス生まれのギリシャ軍大佐である。グリヴァスは一九五〇年代初めに、急進的なギリシャ人住民を集めて、民兵組織の「キプロス解放民族組織」を結成した。そして武力闘争を始めるのである。

一九五〇年代終わり頃より、トルコ人住民の間で、キプロス島をギリシャ人地域とトルコ人地域とに分けるという意見が目立ち始めた。タクスィム(トルコ語で「分割」の意味)という。「キプロス解放民族組織」に対抗する民兵組織も作られた。

キプロス島内の民族間関係の悪化に直面したイギリスは、両民族の本国であるギリシャとトルコを巻き込んで、三カ国で解決を図ろうとする。両国の代表を招いて、一九五五年九月にロンドン会議が開催された。そして、一九五九年二月、キプロス島の両民族代表を抜きにして、イギリス、ギリシャ、トルコの代表によって、チューリヒ＝ロンドン協定が締結された。そこで選択されたのは、エノシスでもタクスィムでもなく、統一国家としてのキプロスの独立であった。

一九六〇年八月一六日にキプロス共和国は独立、初代大統領にはマカリオス三世が就任した。また、キプロスの将来を担保する為に、独立と同時に、三つの条約が結ばれた。キプロス設立条約、保障条約、同盟条約の三つである。キプロス、イギリス、ギリシャ、トルコによって締結されたキプロス設立条約では、キプロスの領土的範囲が明記された。同じく四カ国によって締結された保障条約によって、キプロスの独立、領土保全、安全保障が承認された。そして、キプロス、ギリシャ、トルコによって締結された同盟条約により、三者による合同司令本部が設置されることになり、この司令部にはギリシャが九五〇人、トルコが六五〇人を派遣することが定められた。

一九六〇年憲法

一九六〇年のキプロス憲法は、チューリヒ＝ロンドン協定に基づいて、ギリシャ人住民とトルコ人住民のうち、特に民族的少数派であるトルコ人に配慮したものとなった。まず、ギリシャ人住民が選んだギリシャ人の大統領が国家元首、トルコ人住民が選んだトルコ人の副大統領が国家副元首を務め、大統領と副大統領には閣議や議会の決定に対する拒否権や差し戻し権、最高裁判決に対する差し戻し権など、広範な権限が与えられていた。一〇人の閣僚のうち、七人はギリシャ人、三人はトルコ人から選ばれ、外務、国防、財務の重要閣僚のうち、どれかひとつのポストにはトルコ人が就くことが求められていた。一院制議会では、定数五〇議席のうち、七〇％がギリシャ人議員、三〇％がトルコ人議員に割り当てられた。

公用語には、ギリシャ語、トルコ語の二言語主義が導入されていたが、宗教・教育・文化・私的身分に関する事項における公用語の扱いに関しては、ギリシャ人、トルコ人の共同体がそれぞれ設置する会議に委ねられることになっていた。

その他、軍隊の定員は二〇〇〇人であり、ギリシャ人に六〇％、トルコ人に四〇％が割り当てられ、最高裁判事三人の内訳は、ギリシャ人一人、トルコ人一人、民族的に中立な人物一人となっていた。

一九六〇年の人口調査によれば、キプロス島の住民は五七万人、そのうちギリシャ人が七七％、トルコ人が一八％である。この数字から見る限り、一九六〇年憲法における民族的少数派への配慮は徹底したものであった。しかし皮肉なことに、この配慮の故に、一九六〇年憲法体制はすぐに限界を露呈する。即ち、民族的多数派側における不満の蓄積と民族的少数派側による拒否権の乱発である。その結果、キプロス政治はしばしば行き詰まるのである。

一九六四年の民族紛争

初代キプロス大統領マカリオス三世は、キプロス政治における機能不全の原因が一九六〇年憲法にあると考えていた。そこで彼は一九六三年一一月に、一三カ条からなる憲法改正を提案した。その内容は、民族的少数派の利益を擁護する部分を、民族的多数派の利益へより適合させるというものであった。これに対して、トルコ人住民は、マカリオス三世の提案の最終的な目的がエノシスの実現であると判断した。その為に、トルコ人の副大統領こそ在職し続けたが、多くのトルコ人が政府や議会から離れる一方で、島内に広く分散居住していたトルコ人は、ギリシャ人地域内のトルコ人の飛び地に集まり始めていく。マカリオス三世の提案の翌月には、ギリシャ人とトルコ人の民兵間の武力衝突が発生し、次第に各地に拡大していった。軍の関与も見られた。

当時は冷戦の真っ只中である。西側陣営リーダーのアメリカは、キプロスの混乱ぶりを、地中海安全保障の観点から不安と共に見つめていた。アメリカはトルコに対して軍事介入を思い留まらせる一方で、キプロス分割案をもって調停を始めた。しかし、調停案が実質的にタクスィム実現をも意味する為に、マカリオス三世はこれを拒否し、代わりに国連に支援を求めた。国連安保理は一九六四年三月に決議一八六を採択し、国連キプロス平和維持軍の設置が決定された。一九六三年一二月に始まり、約五〇〇人が死亡した内戦は終わった。

その結果、キプロスではギリシャ人とトルコ人との住み分けが徐々に進んでいくのである。

マカリオス三世への反発

これ以後、マカリオス三世はエノシス路線から離れていく。彼にとって第一の優先順位は、冷戦構造下におけるキプロスの統一の維持であったのである。しかし、マカリオス三世のエノシス路線離れは、ギリシャ人住民の一部によって反対されていた。ギリシャ本国も不満を持っていた。

マカリオス三世の方針転換に大きな危機感を持ったのは、実はアメリカであった。マカリオス三世は一九六四年内戦の際にアメリカの調停を拒絶しており、アメリカはこれをキプロスのアメリカ離れと考えた。アメリカはキプロスを「地中海のキューバ」として位置づけるのである。一九六二年秋には、ソ連の核ミサイルのキューバ配備を巡るキューバ危機が起きていた。地中海に「キューバ」が生まれることは、ヨーロッパにおける東西の国際政治上の構図を変更させることに繋がりかねなかった。アメリカはマカリオス三世のことも「地中海のカストロ」と呼んでいた。

しかし、マカリオス三世の動きに対する内外の反発こそあったが、それが表面化することはなかった。そのバランスを崩す事件がギリシャ本国で起きた。一九六七年四月二一日の軍事クーデターである。

ギリシャにおける軍事クーデター

ギリシャでは元々、第一次世界大戦への参戦を巡り、国王と首相との間で対立があった。また第二次世界大戦直後には、イギリスが後押しした王党派政権と隣国ユーゴの支援を受けた左派との間で内戦があった。この結果、一六万人弱が犠牲になったとされる。

こうした政治的亀裂の傷痕は、ギリシャ政治の安定性を大きく損なうことになる。第二次世界大戦後から一九六〇年までに、延べ二一人の首相が誕生した。右派の大物であるカラマンリスは二度の首相在任期間の合計こそ六年近くになるが、彼も国王との衝突の結果、一九六三年一二月に亡命を余儀なくされた。更に、カラマンリスの二度目の首相辞職(一九六三年六月)から軍事クーデター(一九六七年四月)の間、延べ一一人の首相が生まれるのである。

混乱の最中にあった当時のギリシャ政界において目立ったのは、中道勢力を結集したパパンドレウである。彼は二度に渡って合計一年半、首相の座にあり、ギリシャと東側諸国との関係改善などを進めていた。このことはアメリカの不安をさぞかし掻き立てただろう。

パパンドレウは一九六五年七月に二度目の首相職を辞任したが、パパンドレウが率いる中道勢力が、一九六七年五月に予定されていた議会選挙で勝利することは確実視されていた。

これに危機感を持った軍部が、一九六七年四月二一日にクーデターを起こすのである。首相に前検事総長が就任して文民政権の外見を繕ったが、実権はパパドプロス大佐らの軍人の手にあった。パパドプロスは一二月に首相に就任し、一九七三年一〇月まで軍部独裁政権の中心にあった。そしてパパドプロス失脚後、軍事政権の実権は憲兵隊司令官のイオアニディスに引き継がれた。この間、アメリカはギリシャ軍事政権を支え続けた。

キプロスにおけるクーデターの開始

マカリオス三世のエノシス路線離れは、ギリシャでの軍事政権成立後に一層顕著となった。それはギリシャの受忍限度を超えていた。ギリシャは一時帰国していた「キプロス解放民族組織」のリーダーであるグリヴァスを一九七四年初頭にキプロス島に送り込み、グリヴァスの指導下で「キプロス解放民族組織—B」が結成された。グリヴァスはその直後に死亡したが、「キプロス解放民族組織—B」は反政府的な活動を活発に続け、マカリオス三世によって非合法化された。ギリシャ軍事政権は、より直接的な方法でマカリオス三世のキプロスに対処することを決意した。

一九七四年七月一四日、民間人に扮装したギリシャ軍将校の一団が、アテネより空路でキプロスに到着した。そして、彼らに加えて、以前から駐留していたギリシャ軍、キプロス軍の一部などが翌一五日にクーデターを決行したのである。クーデターには、「キプロス解放民族組織―B」も参加した。

クーデター部隊は大統領官邸、ニコシア空港などの重要な拠点を即時制圧した。マカリオス三世支持派が次々と逮捕され、クーデター部隊はキプロス島各地の要所を難なく占領した。しかし、その際にトルコ人の地区は活動の対象から慎重に除かれたという。トルコに軍事介入の口実を与えない為である。また、国連キプロス平和維持軍の関与を逃れるという狙いもあった。クーデターに伴う戦闘は、当初はギリシャ人住民の間で行われていたのである。

クーデター部隊によって占拠された放送局からは、マカリオス三世が死亡したというラジオ放送が流された。後任の臨時大統領にはサンプソンが就任した。彼は右派の新聞社の社主で政治家、「キプロス解放民族組織―B」の大幹部のひとりでもあった。クーデターは成功するかに思われた。

しかし、マカリオス三世は危うく襲撃を免れ、キプロス島南西部の港町、パフォスに無事に到着していた。マカリオス三世はパフォスの放送局から、自身の生存を明らかにした。そして、クーデター部隊に抵抗して闘うように檄を飛ばしたのである。それに応じて、彼の親衛隊であった警察予備隊などが反撃し、キプロス各地でクーデターへの抵抗が次第に盛んになってきた。しかし戦局は、軍備において圧倒的に優勢なクーデター部隊に有利に進んでいた。パフォスにもクーデター部隊が迫っていく。

マカリオス三世は七月一六日午後、イギリス主権下の基地のひとつであるアクロティリ基地からマルタ、更にはイギリスへと逃れていった。

トルコの第一次軍事介入

トルコ人住民は当初、クーデターとは無縁であった。しかし、クーデター部隊が政権を掌握すれば、彼らがいずれトルコ人にも何らかの行動を起こすことは十分に考えられた。トルコ人も自衛の為に武装し始めた。

トルコでは、エジェヴィトを首相とする中道左派連立政権が成立していた。トルコはまず、国連の場を始めとする多国間交渉、対米などの二国間交渉で事態の打開を図ろうとしたが、ギリシャ軍事政権の背後にはアメリカが控えており、外交的な手段では埒が明かないことは瞭然であった。

トルコ国内は軍事介入を求める国民の声で沸き立っていた。連立政権にはイスラム教的な色彩の濃い政党も加わっており、政権運営に四苦八苦していたエジェヴィトにとって、キプロスでのクーデターは千載一遇のチャンスだった。軍事介入による国民人気獲得の可能性は高かったのである。

マカリオス三世は、七月一七日にイギリスから支持を得た後、ニューヨークで国連安保理の席上、ギリシャの関与を強く非難した。NATOもこれに対する支持を表明した。こうしてギリシャの国際的孤立が明確になる中で、エジェヴィトは決断した。一九日、キプロスの保障条約違反を根拠にトルコ軍の派遣を決定したのである。「アッティラ作戦」の開始である。

トルコ海軍の艦隊は七月二〇日早朝に出港し、空軍基地からは戦闘機が出撃していった。キプロス海軍は一蹴され、北部の要港キレニア、首都ニコシアが空爆された。制海権・制空権を掌握したトルコ軍はすぐにキレニア近郊に上陸し、ニコシアを目指して南下を始めた。空挺部隊も展開していった。各地でトルコ軍とクーデター部隊との戦闘が激化していく中で、戦況は明らかにトルコ軍に有利に動いていった。

ギリシャでは、二〇日に国民総動員令が発せられたものの、戦闘準備は進まなかった。ギリシャ軍幹部による大量の武器横流しが露呈し、更に一部の軍司令官が叛意を明確にするなど、ギリシャ軍は混乱の最中にあったのである。

七月二二日、トルコ首相エジェヴィトは国連安保理決議三五三を受諾して停戦に合意した。サンプソンは二三日にキプロス臨時大統領を辞し、議会議長のクレリデスが大統領代行に就任した。クーデターによる政権の期間はわずか一週間であった。

南北分断の始まり

この間、民族浄化が始まっていた。数の上で劣勢なトルコ人住民は多くが飛び地の小村に集まっていた為に、容易に「キプロス解放民族組織—B」など民兵の標的になってしまったのである。トルコ軍も彼らの救出に努めたが、混乱の中で住民全てを助け出すことは不可能であった。その結果、婦女子、老人を含めた多くの市民が惨殺された。

トルコ人民兵などによるギリシャ人住民への襲撃もあった。しかし犠牲者数において、より多くの被害を受けたのはトルコ人であった。一方で、北部に居住していたギリシャ人は戦火を逃れて大量に南部に移動してきた。その数は一説には二〇万人とも言われている。

こうしてキプロス島においては、北部はトルコ人地域、南部はギリシャ人地域という住み分けが更に明確になっていくのである。

ギリシャ軍事政権の崩壊

キプロスでのクーデターに失敗したギリシャ軍事政権も致命傷を負った。七月二三日、キプロスでのクーデターが失敗に終わったその日に、軍事政権が終焉を迎えたのである。

軍事政権が目指したエノシスという目的の達成は不可能となり、逆に、トルコの軍事介入を招いたことにより、実質的にタクスィムが実現してしまった。軍事政権の完全な失策であった。

この責任を問われたのは、イオアニディスであった。イオアニディスは陸海空三軍の司令官などによって逮捕され、軍法会議において死刑を宣告されたのである（その後、終身刑に減刑された）。

「敗戦後」の難局を乗り切る為に白羽の矢が立ったのは、亡命中のカラマンリスであった。カラマンリスは七月二四日にパリから帰国した。

第一次・第二次和平交渉

和平交渉は七月二五日に始まった。現地キプロスでの停戦合意違反が頻発する中、キプロスの後見人であるイギリス、トルコ、ギリシャの三外相による交渉がジュネーヴで開始されたのである。

交渉に際して、キプロスの将来に関して考えられる選択肢は、キプロスの分割（場合によってはそれぞれの本国への併合）、一九六〇年憲法に基づく統一的なキプロスの再現、連邦化されたキプロス、という三つであった。

どの選択肢も将来に不安定性を残すものであったが、既に現地キプロスにおいて民族別の隔離が進みつつあったことから、トルコが主張したのは第三の選択肢であった。

ギリシャはこれに強く反対した。キプロスの連邦化は、ギリシャ人がそれまで有していた権限が、北部に出現しつつあったトルコ人地域に及ばないことを意味するからである。

交渉は難航したが、戦場において実質的に勝利したトルコによって、ギリシャが押し切られた形となった。七月三〇日に出されたジュネーヴ宣言では、「現時点」での前線を停戦ラインとすることに加えて、ギリシャ人とトルコ人がそれぞれ有する自立的な行政についても言及されていた。第二次交渉は八月八日開始と決まった。

予定通りに始まった第二次交渉には、三外相に加えて、キプロス大統領代行のクレリデスがギリシャ人住民代表として、キプロス副大統領のデンクタシュがトルコ人住民代表として参加した。予想通り、交渉は難航した。キプロスを二つの構成単位に分ける連邦化案の他に、キプロスの領域を更に小さな地区に細分化する和平案も検討された。しかしどれも結実することはなかったのである。

トルコは既に第二回目の軍事介入を覚悟し、準備していた。

トルコの第二次軍事介入

トルコ軍は停戦後、更に増強されていた。八月一四日未明に進軍を開始したトルコ軍を止めることはできなかった。第一次軍事介入の終了時、トルコ軍が制圧した領域はキプロス全島の一五％であった。しかし、第二次軍事介入の結果、一六日までのわずか二日間に、トルコ軍はキプロス島の北部ほぼ全域に実効支配を確立した。こうしてキプロス島は南北に分断されたのである。

ギリシャのカラマンリス政権がトルコに軍事的に対抗することは最早事実上不可能となっていた。彼が取った行動は、ＮＡＴＯからの脱退宣言であった。この時点で、アメリカはギリシャに対して、何ら支援の手をさしのべることはなかった。ギリシャ軍事政権によるキプロスでのクーデターが挫折することが明らかになった頃から、アメリカはギリシャを見捨ててトルコに乗り換えたのである。

アメリカはトルコの地政学上の位置を重視した。トルコは黒海と地中海とを分けるボスポラス、ダーダネルス両海峡を有している。この海峡を押さえることは、ソ連海軍を黒海に封じ込めることを意味する。両海峡は、一九世紀のロシア帝国時代より重視されてきたが、冷戦時代のソ連にも有効であると、アメリカは考えていたのである。

アメリカに裏切られたと感じたギリシャの全土では、反米感情が吹き荒れた。ギリシャ、キプロス南部の各地は反米行動によって席巻された。その最たるものが、八月一九日のニコシアのアメリカ大使館襲撃事件であった。この事件でアメリカ大使が射殺されたのである。

エピローグ

トルコが実効支配するに至ったキプロス北部のトルコ人地域は、一九七五年二月に一方的にキプロスの連邦化を宣言し、キプロス連邦トルコ人共和国を樹立した。更に一九八三年一一月には北キプロス・トルコ人共和国として独立宣言も行ったのである。

国連は一九六四年以来、現在に至るまで国連キプロス平和維持軍を展開中である。国連の歴代事務総長、ワルトハイム、ペレス＝デ＝クエヤル、ブトロス＝ガーリはいずれも和平の仲介を行ったが、成功しなかった。

一九九〇年より、キプロス問題に新たな要因が加わった。キプロスのＥＵ（ＥＣ）加盟である。ＥＵ加盟がレバレッジとして利用され、キプロス問題が解決されるという可能性が出てきたのである。一九九七年に国連事務総長に就任したアナンは、キプロスのＥＵ加盟交渉と並行して仲介を行った。その結果、四度に渡る修正後、二〇〇四年三月に最終案として第五次仲介案がまとまり、緩やかな連邦制が提案された。しかし、この時点でキプロスのＥＵ加盟交渉は既に終了していた。

二〇〇四年四月二四日、南北同時に、アナン最終案の可否を問う国民投票が行われた。その結果は、ギリシャ人のキプロス共和国が否、トルコ人の北キプロス・トルコ人共和国が可、とするものであった。

キプロスは南北に分断されたまま、南のキプロス共和国の実効支配地域のみが二〇〇四年五月にＥＵに加盟する形となった。ＥＵはキプロス共和国がキプロス全域を代表する政府であるとし、一方的に独立宣言を行った北部にはキプロス政府の実効支配が及んでいない為に、北部のＥＵ加盟が南北統一まで延期されているという見解を示している。

第6章　コソヴォ
——国際社会の介入——

NATOの空爆に対するユーゴ軍の対空砲火で明るくなったベオグラード上空．ロイター＝共同，1999年4月13日

セルビア
モンテネグロ
トレプチャ
コソヴォ・ポーリェ
プリシュティナ
コソヴォ
ラチャク
アルバニア
マケドニア
0
50 km

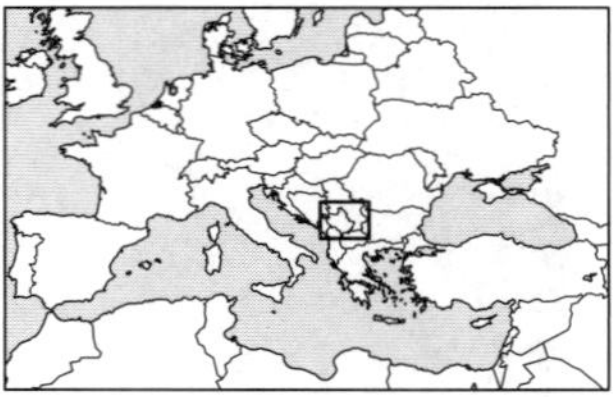

【コソヴォ紛争のあらまし】

ユーゴには六つの共和国、そして最大の共和国セルビアの二つの自治州という八つの領域的単位があるが、コソヴォはその中で唯一、南スラヴ人が多数派ではない地域である。コソヴォはユーゴの経済最後進地域でもあり、民族紛争が最も懸念された地域であった。

民族的多数派のアルバニア人にはコソヴォをセルビアの自治州から共和国へと昇格させたいという希望が長らく強く、ユーゴの国父であるチトーはコソヴォに宥和的に接していた。一九七四年憲法ではコソヴォに実質的に共和国と同等の立場が認められた。コソヴォでは、次第にアルバニア人中心の政治が行われていくのである。

民族的少数派のセルビア人は多数派の圧力に日常的に怯え、セルビア本国に対する不満が高まっていた。そこに、「セルビア人の守護神」ミロシェヴィッチが登場する。彼はセルビア民族主義を利用して、セルビアのトップ・リーダーの座に昇った後、コソヴォの自治権を削減するのである。

これに対して、コソヴォのアルバニア人は一方的に独立を宣言した。当初は穏健派がリーダーシップを握っていた。本国アルバニアも元々、穏健派を支持していたが、一九九七年一月の「ネズミ講」騒ぎで政変が起き、後継政権はセルビアとの関係改善を図る。これに対して、コソヴォでは急進派が台頭するのである。

急進派コソヴォ解放軍は一九九六年頃からテロを開始し、ミロシェヴィッチは一九九八年二月にセルビア治安部隊に対してコソヴォ解放軍の掃討作戦を命じた。コソヴォの民族紛争の開始である。国際社会は仲介を行ったが不調に終わり、一九九九年三月にはＮＡＴＯが大規模空爆を始めた。コソヴォ民族紛争はアルバニア人側の勝利に終わった。

コソヴォは、約一〇年の国連暫定統治期間を経て、二〇〇八年二月に独立を宣言した。

国際社会による介入

民族紛争を始めとする「国家対非国家アクター」の紛争に国際社会が軍事介入する事例は、現在でこそ、数多く指摘できる。しかし、国際社会の軍事介入と、国際社会において長らくルールとされてきた「内政不干渉」「国境不可侵」の原則とは相容れない。国際社会の軍事介入は国際社会の構造的な変化の象徴である。

国際社会が介入する手段としては、大きく二つに分けることができる。即ち、介入される側の同意が前提である手段と同意が不要な手段である。前者の代表例としては平和維持が挙げられる。もっとも、平和維持、特に国連の安保理決議を根拠とする国連平和維持活動の内容は時期において違いが見られ、必ずしも当事者の同意を必要としない平和執行的な要素が強い平和維持もある。

当事者の同意を前提としない手段としては、武器禁輸・経済制裁や軍事介入などがある。このうち、武器禁輸・経済制裁は、冷戦後に盛んに発動されている。これは、その発動によるコストが低い「お手軽さ」の故である。これに対して軍事介入は、必要とするコストが非常に高い。また、軍隊が関わるが、軍事介入にまでならない手段として、飛行禁止空域や航行禁止海域を設けて紛争当事者を「封鎖」するというものもある。しかし、部隊をひとたび現場に投入すれば、「封鎖」に留まらず、飛行・航行禁止違反を口実にして、当事者を実質的に攻撃することもあり得る。

紛争に介入した後、国際社会に残されている課題は「国造り」である。そして、その一環として、平和構築がある。国際社会における軍事介入と平和維持、そしてその後の「国造り」というプロセスの先鞭を付けたのがコソヴォのケースである。

コソヴォとアルバニア人

コソヴォはバルカン地域の南西部の内陸、本書の第2章で触れたボスニアの南にある。面積は約一・一万平方キロメートル、人口は約一八〇万人、その九〇%以上がアルバニア人であり、セルビア人の五%がそれに続く。本章で取り上げるコソヴォの民族紛争とは、セルビアの自治州コソヴォの民族的多数派アルバニア人と、少数派セルビア人の本国であるセルビア本土との間で主に戦われたものである。

多数派アルバニア人が話すアルバニア語はインド・ヨーロッパ語族に属す。イタリア語からの借用はあるとはいえ、近隣の住民が使用している他の言語との共通点はほとんどない。アルバニア語には北部のゲグ方言と南部のトスク方言とがある。アルバニア人の本国のアルバニアでは主にトスク方言、コソヴォではゲグ方言が話されている。方言というレベルにも拘わらず、両者の間にはかなりの違いがある。

コソヴォの「歴史」

コソヴォを巡る議論が行われる際に、セルビア人が必ずといって良い程に持ち出す話題に、コソヴォはセルビア人の文化的揺籃の地であるというものがある。他方で、アルバニア人も、自分達が古代からの定住者の末裔であるとしばしば主張することがある。

アルバニアの歴史家は、現在のアルバニア人はローマ帝国時代以前からバルカン地域西部に定住していた古代イリリア人の末裔であると主張する。ルーマニアやブルガリアの歴史家の中には、これにしばしば反論する者もいる。しかし言語学的な手法を用いると、アルバニア人の出自はイリリア人に遡ることができると言う。これに対して、現在のセルビア人の祖先に当たる人々は六世紀半ばにバルカン地域南部に住み始めたというのが、一般的理解である。彼らは当初はコソヴォの北西のラシュカ地方と現在のモンテネグロ領に定住し、コソヴォへの定住を開始するのは一二世紀末からであるという。

中世セルビア王国は一四世紀前半には、現在のセルビアの大半に加え、モンテネグロ、コソヴォ、マケドニア、アルバニアに広がる領土を有していた。一方で、一三世紀初めにアナトリア高原で誕生したオスマン帝国は次第に領土を拡大し、一四世紀後半にはバルカン地域に進出し始めた。両者が激突したのが、一三八九年六月のコソヴォ・ポーリェの戦いであった。非常な激戦の末、中世セルビア王国を中心とするバルカン諸国同盟軍はオスマン帝国に敗れた。そして、中世セルビア王国は一四五九年にオスマン帝国の支配下に入る。それまでコソヴォに住んでいたセルビア人の多くはオスマン帝国の支配を逃れ、北上していった。旧セルビア王国領に残ったのは、所有者のいない広大な土地であった。オスマン帝国はここに大量のアルバニア人を移住させる。その結果、アルバニア人はコソヴォにおける民族的多数派となるのである。

その後、セルビアは一八七八年のベルリン条約によって独立を回復し、近代国民国家の建設に努めていく。これに対して、独立国家としてのアルバニアが承認されるのは、二度に渡るバルカン戦争の最中、一九一三年五月のことであった。コソヴォについては、バルカン戦争の結果、その大半はセルビアとモンテネグロの領土となった。

セルビアとモンテネグロは第一次世界大戦後に建国されたユーゴ王国の一部となり、両国の版図に含まれていたコソヴォもそのままユーゴ王国の領土へと移行した。第2章で触れたように、ユーゴ王国は一九四一年四月に解体される。コソヴォはモンテネグロと共にイタリアに占領された。アルバニアはいち早く、一九三九年四月に併合されており、アルバニア人地域の多くはイタリア領となったのである。そして、アルバニア人地域のうち、コソヴォはユーゴ共産党によって、アルバニアは、ユーゴ共産党の後押しを受けたアルバニア共産党によって解放されたのであった。

ユーゴにおけるコソヴォの位置づけ

ユーゴ王国の版図は、占領者への抵抗と内戦を勝ち抜いたチトー率いるユーゴ共産党（一九五二年からはユーゴスラヴィア共産主義者同盟）によってほぼ回復された。ユーゴ（ユーゴスラヴィア社会主義連邦共和国、一九六三年まではユーゴスラヴィア連邦人民共和国）において、六共和国から構成される連邦制が採用されることは、一九四三年に既に合意されていた。その際に、コソヴォを単独で、あるいはアルバニアと合同させて、ユーゴの七番目の共和国とするという議論もあったが、コソヴォはセルビアの一部となることが決定された。

これに対して、アルバニア本国でも強い反対はなかった。アルバニア共産党（一九四八年からはアルバニア労働党）はユーゴ共産党の圧倒的な影響下にあったのである。アルバニア共産党第一書記のホッジャも、更にはソ連共産党書記長のスターリンも、むしろユーゴのアルバニア吸収を支持していたのである。

コソヴォはコソヴォ＝メトヒヤ自治区として設立された。実は本書でコソヴォと見なしている地域は、セルビア語では東部の「コソヴォ」と西部のメトヒヤを合わせたものであり、セルビア語ではコソヴォ＝メトヒヤ、またはその短縮形のコスメトと呼ばれている。

ソ連＝ユーゴ論争とコソヴォ

ユーゴとアルバニアとの蜜月時代には、セルビア人とアルバニア人とが共存するコソヴォでも目立った混乱はなかった。それが変化するきっかけは、ソ連＝ユーゴ（スターリン＝チトー）論争であった。

論争の結果、ユーゴはソ連中心の共産党の国際組織「コミンフォルム」を一九四八年六月に除名されたのである。ユーゴがソ連ブロックから追放された後、アルバニアは反ユーゴの立場を進んでいく。その為に、コソヴォのアルバニア人は、アルバニア本国の「手先」ではないかと、疑われていくのである。

その後、一九五三年三月にスターリンが死去し、ソ連とユーゴとは一九五五年六月に関係を修復する。スターリンの後継者のフルシチョフは、国内のスターリン派との政争に勝利する為に、チトーに接近したのである。ソ連とユーゴとの接近と反比例するように、ソ連とアルバニアとの関係は悪化していく。

チトーの宥和方針

コソヴォは一九六三年のユーゴ憲法によって、自治区から自治州へと格上げされた。更に、一九六八年のユーゴ憲法修正により、自治州の名称がセルビア語のコソヴォ＝メトヒヤ（コスメト）からコソヴォへと改称され、その位置づけは共和国のそれと同じであると規定された。コソヴォではアルバニア人に対する宥和政策が、その後も進行していく。例えば、アルバニア語での教育も本格化し、州都プリシュティナには大学も設置された。その結果、アルバニア人の高学歴取得者が、ユーゴ共産主義者同盟の下にあるコソヴォ共産主義者同盟やコソヴォ政府に進出し始めるのである。彼らはユーゴの経済最後進地域であるコソヴォの発展を訴える。そのときに彼らの眼に障害と映ったのは、「セルビア国内の自治州」というコソヴォの地位であった。コソヴォの共和国昇格への要求は高まっていく。

一九七四年憲法体制

一九七四年憲法体制は、チトー後のユーゴの政治システムを定めたものであった。実は、ポスト・チトー体制は、一九七一年の憲法修正の際に既に講じられていた。集団指導体制として連邦幹部会が導入されたのである。コソヴォの代表も連邦幹部会会員へと選出される。本来、セルビア内の自治州の代表がユーゴ全体の意思決定過程に直接的に参加することは国家組織として整合的ではないが、それでも一九七一年の修正憲法においては、共和国と自治州との間には代表の数に関して差が設けられていた。共和国と自治州との同等化が更に進められたのが、一九七四年憲法体制においてである(第2章を参照)。一九八六年五月からの一年間は、コソヴォ選出の幹部会会員のハサニが連邦幹部会議長の座にあったのである。一九七四年憲法は議会についても同等な立場を認め、自治州議会も独自の自治州憲法制定権を持つこととなった。

一九七四年憲法体制の成立により、コソヴォは実質的に共和国へ昇格した。それは、セルビア政府の威令がコソヴォに届きにくくなったことを意味する。コソヴォの政治は、次第に民族的多数派アルバニア人中心になっていくのである。

この間、コソヴォの民族構成も大きく変わっていく。コソヴォの人口は一九七一年には一二四万人であり、そのうちアルバニア人が九一万人強(七三%)、セルビア人が二三万人弱(一八%)であった。しかしそれが一九八一年には、総人口一五八万人、うちアルバニア人一二二万人強(七七%)、セルビア人二一万人弱(一三%)と変化した。コソヴォのセルビア人は相対的にも絶対的にも減少していったのである。

割合の変化だけであれば、両民族における出生率の違いなど自然増加率の差で説明することができるかもしれない。しかしコソヴォのこうした変化、セルビア人の絶対数の減少は、アルバニア人の進出による、民族的少数派セルビア人に対する有形無形の圧力も影響していた。

チトーの死とその後の混乱

コソヴォで高まるセルビア人の不満を抑え込んでいたのはチトーであった。従って、チトーの死の影響が即座に表れたのはコソヴォにおいてであった。

コソヴォのアルバニア人は、チトー主導による自治州の実質的共和国化と多民族主義の恩恵を受けていた。このことは、セルビア民族主義が封じ込められていたことを意味する。しかし他方で、チトーの存在は、コソヴォの共和国昇格を望むアルバニア人に対する重石であったことも確かであった。

コソヴォではそれまでにも騒擾がおきていたが、チトーの死後、大きな暴動が発生した。暴発したのはアルバニア人の側においてであった。きっかけは、一九八一年三月、プリシュティナ大学で起きた学生の待遇改善要求であった。それはすぐに、ユーゴ最大の鉱山のひとつ、トレプチャ鉱山の労働者の動きに繋がり、それが政治化した結果、大規模な共和国昇格要求のデモが始まったのである。これは自治州政府の実力行使によって処理された。しかしこうした事態を招いた責任を問われ、コソヴォ共産主義者同盟や自治州政府の幹部に粛清の波が及んだのである。

この間もコソヴォのセルビア人に対するアルバニア人の圧力は続き、コソヴォからのセルビア人の流出が続いていた。セルビア人の不満は、民族的同胞の窮状に動こうとしないセルビア本国へと向かっていた。

ミロシェヴィッチの台頭

ここで「セルビア人の守護神」ミロシェヴィッチが登場するのである。当時のミロシェヴィッチはセルビア共産主義者同盟議長であり、そのセルビア共産主義者同盟に対して、コソヴォのセルビア人、セルビア人と同胞意識の強いモンテネグロ人が、反アルバニア人集会に代表を派遣するように求めてきたのである。

一九八七年四月、ミロシェヴィッチは求めに応じてコソヴォに出向き、コソヴォ・ポーリェで演説を行った。コソヴォ・ポーリェは、セルビアが一三八九年にオスマン帝国に敗北し、その結果、五〇〇年近くのオスマン帝国支配に甘んずることになった会戦の故地であった。

会場においてコソヴォ州警察とセルビア人との小競り合いも起きる中、ミロシェヴィッチは演説を行った。その中で、ミロシェヴィッチは「誰も君達を殴ることは許されない」とセルビア人群衆の前で述べたのである。この様子は何度もテレビ放映されたという。

この事件を通じて、ミロシェヴィッチは民族主義の効果を認識したのだろう。実は、ミロシェヴィッチはチトー時代からの共産主義者同盟のエリートであり、セルビア民族主義から距離を取っていた。しかしこれ以後、「セルビア人の守護神」ミロシェヴィッチはセルビア民族主義を武器にユーゴの最高権力者となっていく。

ミロシェヴィッチは、まず一九八七年九月のセルビア共産主義者同盟第八回中央委員会において、ミロシェヴィッチの後見役にしてセルビア幹部会議長(セルビアのトップ)のスタンボリッチに対してクーデターを起こした。スタンボリッチは一二月に辞任した。次いで、一九八八年一〇月にヴォイヴォディナ、一九八九年一月にモンテネグロにおいて、セルビア人やモンテネグロ人を送り込んで、指導部を辞任に追いやった。そして後任にはミロシェヴィッチ派を就けていくのであった。更に、ミロシェヴィッチは一九八九年五月からセルビア幹部会議長となっていた。

ミロシェヴィッチにとって、最後の仕上げはコソヴォであった。

コソヴォの「独立」

一九八八年七月、セルビア議会は、セルビア憲法修正によって自治州の自治権を大幅に削減して、警察権・司法権を剝奪する決定を行った。そして、ミロシェヴィッチは非常事態宣言を発して、一九八九年三月、コソヴォ議会にその決定を認めさせたのである。それを受けて、セルビア憲法は修正された。

コソヴォのアルバニア人はこうした動きに強く反対し、大規模なデモが行われた。そしてデモ隊と治安部隊とが衝突し、合わせて二二人が死亡、多数が負傷するという大惨事が起きたのである。

セルビア憲法修正後、ミロシェヴィッチはコソヴォにおいて、アルバニア語日刊紙の発行禁止、コソヴォ科学芸術アカデミーの閉鎖、アルバニア人公務員の解雇などの一連の政策を開始した。アルバニア人はこれに反発し、一九九〇年七月に、コソヴォ議会のアルバニア人議員の殆どが議事堂前に集まり、コソヴォの共和国昇格を一方的に決議した。セルビア議会はコソヴォ議会の解散で対抗した。

アルバニア人議員はこれに対して、九月にコソヴォ南部のカチャニクに密かに集まり、コソヴォ共和国憲法を可決した。他方で、セルビア議会はセルビア新憲法を定め、コソヴォ自治州の国家的な機能がここに失われた。そして初代セルビア大統領にはミロシェヴィッチが就いた。

コソヴォでは、一九九一年九月に、セルビアの反対を無視して、独立の可否を問う住民投票が実施された。投票の結果、圧倒的多数によって独立が承認されることとなった。これを受けて、一九九二年五月には、非合法ながら、コソヴォ議会選挙が実施され、文筆家のルゴヴァ率いるコソヴォ民主連盟が圧勝した。初代コソヴォ大統領にはルゴヴァが選ばれた。

ルゴヴァ路線の行き詰まり

ルゴヴァ政権では、暴力的な蜂起の放棄、国際社会への訴え、セルビア支配の正当性の否定という三点が基本方針とされ、ルゴヴァはことあるごとに、セルビアによるコソヴォの不当支配を国際社会に訴えていくのである。しかし国際社会の反応は鈍いものであり、コソヴォ問題はセルビアの国内問題であるという意見が大勢を占めていた。国際社会においては、「内政不干渉」のルールが依然として一般的であったのである。

当時はボスニアの民族紛争がまさに進行中であった。ルゴヴァはボスニア紛争とコソヴォ問題とをリンクさせようとしていた。しかしそれは国際社会の受け入れるところとは到底ならなかった。国際社会はボスニア問題の対応に手一杯であり、コソヴォ問題とのリンクは事態を一層複雑化させかねなかったからである。

コソヴォは法的にはセルビアの一部のままであったが、現地ではセルビアの意向とは全く無関係に、大統領、議会、政府が機能するという奇妙な二重権力状態が成立していたのである。こうした「平和」な状態は、ボスニアにおける戦闘の終了と同時に大きな変化を迎える。

ボスニア紛争の和平に関するデイトン交渉では、コソヴォ問題は全く取り上げられなかった。ルゴヴァが主張する国際社会での対話路線の失敗は明らかであった。その上に、ミロシェヴィッチは、デイトン交渉において強硬なセルビア人側の要求を封じ込めて大幅な譲歩を行い、デイトン合意成立の立役者として高く評価されていたのである。

ルゴヴァ政権の基本方針のうち、国際社会への訴えは完全な失敗に終わった。他のふたつの方針、暴力的な蜂起の放棄、セルビア支配の正当性の否定については、それぞれ身内のコソヴォ民主連盟内部から批判が出されるようになっていった。前者については、暴力的な方法も選択肢として考慮しながらセルビアに対抗すべきではないかという強硬な意見が次第に強まっていた。後者に対しては、より柔軟にセルビアと対話すべきではないかという穏健な意見も出てきた。ルゴヴァ路線の行き詰まりは明らかであった。

そして、ボスニアにおける戦闘の終了によって、ボスニアで流通していた武器がコソヴォに流入し始めたのである。

アルバニアの混乱

ここで少しコソヴォから離れて、アルバニアの動向を見ておこう。アルバニアはコソヴォと陸続きであり、アルバニア人の本国である為に、アルバニアの情勢がコソヴォに強く関係してくるのである。

アルバニアを長らく支配していたアルバニア労働党第一書記のホッジャが死去したのは、一九八五年四月のことであった。後任はホッジャの右腕のアリアであった。一九九一年三月に実施された議会選挙ではアルバニア労働党が圧勝したが、その後、選挙結果に不満を持った国民によってゼネストが起きた。

ゼネストは、与野党六党の連立政権でも乗り切れなかった。一九九二年三月には出直し選挙が行われ、そこで勝利したのは、最大野党のアルバニア民主党であり、大統領には党首ベリシャが就任した。ベリシャはアルバニア北部の出身、コソヴォのアルバニア人と同じゲグ方言の話者であった。ベリシャはルゴヴァを支持していた。彼は急速な市場経済化と民主化とを行い、これがアルバニア労働党支持者から強い批判を招くこととなった。

その中で、一九九七年一月から大型の「ネズミ講」が次々と破綻した。国内は大混乱に陥り、多数のアルバニア国民がイタリアやギリシャに逃れていった。アルバニアの軍隊や警察はほとんど機能しておらず、アメリカ、ドイツ、イタリアなどから軍隊が派遣される騒ぎとなった。また、この騒ぎの中で、アルバニア国内の武器庫から大量の武器が横流しされ始め、コソヴォにおける武器の流通量は一層増加した。

ベリシャのアルバニア民主党は一九九七年六月の議会選挙で敗北し、ベリシャは大統領を辞任した。アルバニア労働党が改名したアルバニア社会党中心の連立政権が成立し、首相にはアルバニア社会党党首のナノが就任した。ナノは南部出身者ということもあり、コソヴォのアルバニア人から距離を置き始め、むしろセルビアとの関係改善に動くのである。ベリシャの地元であるアルバニア北部からの援助があるとはいえ、ルゴヴァは国家としてのアルバニアという後ろ盾を失ったのである。

武器の流入とアルバニアのコソヴォ離れの結果、コソヴォのアルバニア人の間では、急進派が勢力を増してくる。コソヴォ解放軍である。

第一次コソヴォ紛争

コソヴォ解放軍の前身はコソヴォのアルバニア人亡命者による組織であり、コソヴォ解放軍は一九九六年頃より警察官やセルビアへの協力者に対するテロを行っていた。

ミロシェヴィッチは、一九九二年四月建国のユーゴ連邦の大統領へと一九九七年に転じていた。彼が一九九八年二月にセルビアの治安部隊に対して、コソヴォ解放軍などの「テロ組織」の掃討を命じたことで、第一次コソヴォ紛争が始まった。アルバニアのナノ首相はミロシェヴィッチと会談するなどセルビアと良好な関係を保っていたが、アルバニア北部ではベリシャの支持者がコソヴォのアルバニア人支援を続けていた。一九九八年一一月までの間に、約一万人のコソヴォ解放軍の戦闘員の内、五分の一がアルバニア領内で軍事訓練を受けたと言う。

国際社会では一九九八年三月に米露英独仏伊の六カ国によるコンタクト・グループが結成され、ミロシェヴィッチに圧力をかけようとした。しかし、ミロシェヴィッチは同年六月より大攻勢を開始したのである。大量の難民・避難民が発生した。国連安保理は同年九月に即時停戦を求める決議一一九九を可決した。そして、当時のクリントン米大統領のバルカン問題特使であったホルブルックが、NATOの空爆を仄めかしながら、ミロシェヴィッチから決議一一九九への合意を勝ち取ったのである。一〇月、コソヴォの民族紛争は終わったかに見えた。

第二次コソヴォ紛争

ホルブルックとミロシェヴィッチとの交渉の場に、コソヴォ解放軍は同席していなかった。

従って、決議一一九九への合意は、コソヴォ解放軍を拘束するものではなかった。合意を遵守するセルビア治安部隊に対してコソヴォ解放軍が攻撃するが、治安部隊は反撃を自重するというケースが頻発していくのである。コソヴォ解放軍の支配地が拡大するという結果も生じてきた。

こうした事態に業を煮やしたミロシェヴィッチは一二月二四日に合意を破り、治安部隊に攻撃を命じた。コソヴォ解放軍もこれに応戦し、第二次コソヴォ紛争が始まった。

その最中に発生したのが、ラチャクの虐殺事件であった。コソヴォ中部のラチャク村が一九九九年一月一五日にセルビア治安部隊に急襲され、村民四五人の遺体が翌一六日に発見されたのである。被害者には子どもや女性も含まれており、遺体の大半が近距離から頭部や腹部を撃たれたものであった。無抵抗の市民が殺害された可能性が高かった。

国際社会は、この虐殺がセルビア本国の指令によると断じた。NATOはミロシェヴィッチに対して空爆の可能性を告げ、国連事務総長アナンもNATOによる空爆に言及していくのである。

和平会議とNATO空爆

コンタクト・グループはユーゴ連邦（セルビア）政府とコソヴォのアルバニア人に対して、和平会議への出席を求めた。両者はそれに応じ、会議はパリ近郊のランブイエにおいて二月六日より始まった。会議では、コンタクト・グループの原案に基づいて議論が始まったが、妥協が為される余地はほとんどなかった。

そもそも、ミロシェヴィッチはランブイエに赴いてすらいなかった。コソヴォ問題がセルビアの国内問題であるならば、会議に出席するのはセルビアの関係者であり、ユーゴ連邦大統領のミロシェヴィッチが会議に出席するまでもないという立場は、論理的に一貫していると理解できる。その上、ミロシェヴィッチは重火器の投入によって、コソヴォ紛争に勝利すると確信していたのである。

アルバニア人側は、コソヴォ解放軍のサチが団長であったが、ルゴヴァも参加しており、急進派と穏健派との混成部隊であった。しかし両者の間では、国際社会を巻き込んで独立を達成するという点で意思統一が取れていた。

コンタクト・グループの原案では、コソヴォはユーゴ連邦に留まるが、三年間は実質的な自治を享受できるというものであった。ランブイエ会議は結実せず、二月二三日に中断した。会議は三月一五日にパリで再開されることとなった。

パリでは、和平案に対してアルバニア人側が三月一八日に署名したのに対して、セルビア側は拒否した。その間に、ユーゴ連邦軍とセルビア治安部隊、合計で四万人の人員と三〇〇台の戦車がコソヴォ内外で展開しており、一部は二〇日に攻撃を開始したのである。ホルブルックはミロシェヴィッチに最後通牒を提示し、OSCE(欧州安全保障協力機構)も派遣団の引き揚げを開始した。

NATOは三月二四日の未明より、コソヴォに派遣されているユーゴ連邦、セルビアの部隊のみならず、セルビアの各所にも空爆やミサイル攻撃を敢行した。ユーゴ連邦側はさしたる反撃もできず、NATOの一方的な攻撃に晒されたのである。

ユーゴ連邦は、フィンランド大統領でEU特使のアハティサーリ、ロシア大統領特使のチェルノムイルジンが提示した和平案を六月三日に受諾した。NATOの攻撃は七八日間続き、六月九日に終了した。また、事後のコソヴォの処理に関して定めた国連安保理決議一二四四も六月一〇日に可決された。コソヴォ民族紛争はこうして終了したのであった。

エピローグ

国連安保理決議一二四四に基づき、国連コソヴォ暫定ミッションが設置された。解散したコソヴォ解放軍の政治部門はコソヴォ民主党となり、軍事部門は、災害救助などに携わるコソヴォ防護隊に再編された。治安はＮＡＴＯによるコソヴォ部隊が担当することとなった。

二〇〇二年三月には暫定自治政府が設立された。しかし、コソヴォの将来は定まらなかった。国連事務総長アナンは、二〇〇五年一月にコソヴォ問題担当の事務総長特使としてアハティサーリを任命した。アハティサーリはセルビアとコソヴォとの交渉を断続的に続けた。しかし、国連安保理決議一二四四にあった「ユーゴ連邦の主権と領土保全」に固執するセルビア側と、「独立戦争」に勝ったコソヴォのアルバニア人側との間で、議論は平行線のままであった。

アハティサーリは二〇〇七年二月に国連事務総長パン・ギムンに「コソヴォの最終的地位に関する包括的提案」を提出した。それは、コソヴォの実質的独立を認める一方で、民族的少数派保護の為に、重要案件についてはセルビア人に拒否権を与えるというものであった。しかし、コソヴォの最終的な地位に関する交渉はその後も進まなかった。

難航する交渉に焦れたのは、コソヴォのアルバニア人であった。その影響もあり、二〇〇七年一一月には議会選挙で、急進派のコソヴォ民主党が第一党となった。そして、その後に発足した連立政権は、二〇〇八年二月一七日に、コソヴォの独立宣言を一方的に発したのである。

現在のコソヴォが抱える問題については、経済的な窮状の他に、以下の二点を指摘できるだろう。まず、国家承認の問題である。コソヴォの心積もりは独立後、すぐに国連に加盟して、国際社会の仲間入りをすることであった。しかし、国連安保理常任理事国のロシアと中国が国家承認していない。このことは、コソヴォの国連加盟が事実上不可能であることを意味する。

次に、セルビア人地域の問題である。セルビア人地域はコソヴォの北端に比較的大きなものがある他は各地に散在している。後者ではコソヴォ部隊が平和維持活動に従事している。前者については、セルビアが公共サービスを提供しており、コソヴォ政府による実効支配が及んでいないのが実情である。

Ⅱ部　民族紛争を理解する為に

第7章　なぜ発生するのか

ボスニアの首都サライェヴォ郊外で，ボスニア人の支配地域を隔てる煉瓦の壁を築いたセルビア人ら．ロイター＝共同，1998年2月11日

これまで六つの民族紛争の事例を概観してきた。そこから、どのようなことが言えるのであろうか。我々が、民族紛争の他の事例を理解する為には、本書の事例からどのような視点を導き出すことができるのであろうか。第7章から第10章は、まさにそうした当然の疑問に答えようとする試みの章である。まず第7章では民族紛争の発生、次に第8章で民族紛争の予防、そして第9章においては民族紛争の成長について説明し、最後に第10章では、民族紛争が終了した後に直面する課題について論じている。

民族紛争発生の必要条件

民族紛争が発生するには、複数の民族の存在が最低限の前提である。ある国家において、その領内に単一の民族しか居住していなかったり、圧倒的多数が同一の民族であったりすると、武力紛争は起きにくい。

領内に単一の民族しか居住していない国家を民族国家という。現在の世界における二〇〇近い主権国家のうちで一定以上の領域を持っている国家のほとんどは、多民族国家である。その領内には複数の民族が住んでいる。民族国家は政治的擬制と言っても良い。

しかし、多民族国家であれば、全て武力紛争が起きるかと言えば、そうではない。多民族性とは別に、武力紛争発生の必要条件となるべき要因が存在しているのである。

それらの要因は、例えば、構造的、政治的、経済的、社会・文化的、という四つの要因群に分けることができる。本章では、それぞれの要因群において代表的なものと思われるものを紹介しておこう。民族の居住分布、民主化、貧困、歴史と宗教、である。

構造的要因群——居住分布

多民族国家における複数の民族の居住分布は、以下の三パターンに分類される。まず各民族が国内の特定領域にまとまって住んでいるパターンである。次に、一定程度はまとまっているが、部分的に混ざり合って住んでいるパターンである。最後に全国大で混ざり合っているパターンである。本書ではそれぞれ、集住パターン、混住パターン、散住パターンとしておこう。

集住パターンでは、民族の居住地域間の境界が明確である。従って、各民族は、自民族地域が確保されているので、自民族地域の拡張を望まない限り、「陣取り合戦」としての民族紛争が発生する可能性は低い。他方で集住パターンの場合には、自民族地域をそのまま丸ごと分離独立させようという選択肢が現実的なものになるかもしれない。

次に、アメリカやオーストラリアのように散住パターンの多民族国家であれば、成員間の大規模かつ継続的接触が難しく、民族紛争を起こすだけの組織を成立させることも困難である。そもそも、民族紛争の当事者となり得たとして、何を要求することになるのだろう。中心的な自民族地域が存在していないのであれば、その民族の全国的な待遇改善だろうか。

民族紛争が起きやすい居住分布は混住パターンである。この場合、各民族の居住密度の濃淡があり、中でも、複数の民族の居住密度が比較的近い場合、その場所を巡る「陣取り合戦」として、激しい民族紛争が発生しやすいのである。スリランカを始めとして、本書の事例は、多かれ少なかれ、混住パターンの多民族国家である。更に、民族Aの居住地域の中に民族Bの居住地があり、その中に更にAの居住地が飛び地として存在している場合(マトリョーシカ状態)、事態は一層複雑である。ミクロ・レベルにおいてこうした事態が遍在しているのが、多民族国家の混住パターンである。

また国境線が自然の地形や民族居住地域などと無関係に、外部によって画定された場合、ある民族が集住していたとしても、結果として国境をまたがって居住することになってしまう為に、各国において混住パターンが現出することがある。新興独立国であれば、国境管理もままならず、ルワンダのように隣国からの侵攻に起因する民族紛争が起きやすくなることもあろう。クロアチア、ボスニア、コソヴォといった旧ユーゴ地域のように、行政単位間の境界が突然に国境化した場合も同様である。

政治的要因群——民主化

本書の事例の全てには、多少とも体制変動が関わっている。特に民主化である。民主化とは、非民主制から民主制への体制変動、またはその過程である。多民族国家において、民主化が起きた場合には、どのようなことが想定できるだろうか。非民主制の時代に民族的多数派が政権を担当していた場合、民族的少数派がその立場にあった場合、それぞれについて考えてみよう。

前者においては、体制変動が起きても、民族的多数派内の政争でも起きない限り、政権の移動が起きることはない。むしろ、自身の支配を、選挙などの民主的手続きを通じて正当化することすら可能である。民族的多数派は民主主義を用いて、少数派を差別・抑圧し続けることもできるのである。これまた、本書の事例に頻出する現象である。

後者の場合、民族紛争の危険性をより孕んでいる。民主化するのであれば、当然に国政選挙をしなくてはならない。民族間関係が緊張し、選挙の争点が民族的であるならば、政権の移動が生ずる可能性も高い。そうなれば、民族的少数派は支配的立場から追い落とされることになる。彼らにとってはこの結果に従うことは難しい。ましてや、非民主制時代の支配に暴力的な弾圧などが伴っていたならば、彼らは新たな支配者である民族的多数派の報復をも恐れなくてはならない。選挙の実施、あるいは実施したとしてもその結果への承服は非常に困難である可能性が高い。

投票の結果のみならず、その過程そのものが民族間関係の攪乱要因になる場合も考えられる。民族間関係に一定の緊張があるならば、投票となると、自民族を基盤とする個人が立候補したり、政党が組織されたりして、自民族主義的な選挙キャンペーンが繰り広げられる。そして、有権者は投票の際に自民族のアイデンティティを確認する作業を強いられるのである。その結果、スリランカ、旧ユーゴ地域、ルワンダ、アルメニアとアゼルバイジャン、キプロスのいずれにおいても、選挙や投票が民族間関係を悪化させる役割を果たした。

民族間関係の緊張がかなりの程度になると、各有権者が同じ民族的帰属にある個人や政党に投票する可能性も高まる。となれば、選挙結果はその国家の民族構成を反映することになる。投票結果の「国勢調査化」である。そうなると、選挙実施前から敗北が決定的である民族的少数派に残された選択肢は、そうした選挙の正当性を否定して、ボイコットすることである。

民族間関係が悪化すると、自民族の居住地領有の正当化を図る為、住民投票が行われることもある。この場合、争点が民族的なものに限られる為に、投票結果の「国勢調査化」はより明確に現れる可能性がある。その住民投票で敗北が確実である側は、自分達が勝利できる領域的範囲を区切って、事前に独自の住民投票を行うこともある。クロアチアやボスニアで起きたように、正当化手続きとしての住民投票の応酬である。

経済的要因群——貧困

我々は、紛争と貧困とは結びつきやすいと感じている。貧困国において人々が貧しい身なりで銃を抱えている姿は、報道メディアによる映像の定番である。しかし、隣国が意図的に銃を持ち込む場合は別として、絶対的に貧しい国家においては、人々は銃すらも購入できない筈である。確かに、イギリスの経済学者、ポール・コーリアが言うように、低所得と紛争発生の確率との間には相関関係があるだろう。他方で、本書でも取り上げている事例において、必ずしも貧困国とは言えない国家において民族紛争が発生していることも事実である。例えば、ユーゴは貧困国ではなかったし、クロアチアは旧ユーゴ地域の中でも経済先進地域であった。

実のところ、経済の停滞、あるいは経済のマイナス成長と紛争の発生との間に因果関係があるのではなかろうか。その理由として、以下の二点を指摘することができる。

第一に、そうした場合に、各個人、各共同体において、比較が行われるという点が挙げられる。まず他者との同時的な比較が為される。経済の不調な場合には格差の拡大が想定されるし、パイの拡大のスピードが低下したり、パイの大きさが減少したりすれば、パイの切り方が争点となり、紛争が起きやすくなるのであろう。次に過去の自分との通時的な比較も為される。過去の自分と比べて、現在の自分が如何に惨めかというものである。いずれにしても、「相対的剝奪」のメカニズムが機能していくのである。他と比較しようと、昔の自分と比較しようと、自分達が惨めである現状への「犯人捜し」が始まり、それが他の民族に投影されることがあり得よう。スケープゴートの登場である。

第二に、経済状態が悪化するならば、軍や警察の治安維持部門や国境管理部門に配置される人員を削減したり、武器の更新が遅れたりするかもしれない。士気も下がろう。そうなった場合には、次の二つのことが考えられる。まずそれらの部門の予算確保の為に増税が実施される。しかしこれは国民の不満を高め、それを抑え込む為に、更にそれらの部門の予算を増やす必要性が生まれるかもしれない。次に増税もままならないときには、そうした部門の腐敗が始まる可能性がある。クーデターの危険性も高まるだろう。従って、経済状態がそもそも危機的な国家においては、こうした可能性が常在していることになる。勿論、民主国家であれば、こうした事態が招来する前に政権交代となろうが、その挙げ句に、選挙によって民主制を否定するという「民主主義の自殺」も考えられる。

経済的悪化が、民族紛争の明白な原因として指摘できるケースは、まずは旧ユーゴ地域とルワンダにおける紛争だろう。

社会・文化的要因群――歴史

何であろうとも、現有を正当化する為に、かつての領有を持ち出すことは、国際政治に限らず、我々の日常生活においても、よくあることである。

栄枯盛衰の繰り返しの中で、ある特定の領域を複数の国家が順次領有してきた場合、どちらも失地回復を旗印に、領有の維持や復活を求めてくることがある。係争地を巡る歴史主義の援用が民族紛争に繋がる可能性は高い。

同様に危険な場合は、係争地を巡ってかつて武力紛争を繰り広げたのと同じ組み合わせの民族間で、再び新たな紛争が起きそうなときである。かつての紛争はいずれの民族においても、記憶されているだろう。コソヴォのように、「神代の世界」同士の衝突となっては、妥協の余地を見出すことは難しい。

そうした大昔の神話とまではいかなくとも、紛争が両民族の共同体的な記憶の中に刷り込まれていることもあろう。衝突を記録した様々な文書が残っているかもしれない。また、武力衝突がなくとも、かつての敵対的な関係が記憶や記録に残っていることもあり得る。かつての神話や歴史、記憶の中と同じ組み合わせの紛争が起こり得るとなれば、「また奴らだ！」という短絡的な感情が高まることは十分に考えられる。本書の事例においては、いずれも、各民族の記憶にしっかりと刻み込まれた民族間の歴史上の事件があった。

こうした敵対的な関係が、外部から強制的に作り出されたケースもある。植民地時代の遺産がその代表的なケースである。キプロスの場合におけるイギリスは、植民地時代の宗主国として分割統治を導入した。ベルギーに至っては、ルワンダにおいて人為的に創造されたフトゥ人とトゥチ人との間の分割統治を行っていた。確かに植民地経営の上で、分割統治は効果的だろう。しかし、分割統治を通じて人為的に強制された敵対的な関係によって、それまでは曖昧であったり平和的共存が基調であったりした民族間関係が攪乱されるだけでなく、植民地時代以後の民族間関係も不安定化されることになるのである。

社会・文化的要因群——宗教

本来、宗教とは公的な信仰体系であった。しかし、それが世界観に繋がり、また人間の生活をしばしば外形的に制約する為に、ある宗教を信ずるか否かが、ときにはその属する社会や国家への忠誠の有無と同一視されることもあった。江戸時代の「踏み絵」が恰好の例である。こうした「踏み絵」としての宗教の機能は紛争において一定の役割を果たすことがある。

本書で取り上げた事例のほとんどは宗教間の紛争のように見える。クロアチアとボスニア、ナゴルノ・カラバフ、キプロス、コソヴォで扱った紛争の当事者は、単純化すれば、いずれもキリスト教徒の各派とイスラム教の信徒である。スリランカは仏教徒とヒンズー教徒の紛争であると大雑把な絵を描くことも可能である。サミュエル・ハンチントン流の「文明の衝突」論にも、まさに当てはまるのかもしれない。

確かに教義の上で対立せざるを得ないこともあろう。また、宗教上の禁忌が問題となって、武力衝突に繋がることもあろう。しかし、宗教上の相違だけで、人々が紛争へと自発的に参加すると想定することは難しい。宗教的相違があったとしても、それが紛争に直結する訳ではない。「踏み絵」が即座に紛争を引き起こす訳ではないということである。そこには宗教的相違を紛争に結びつけようとする意思がなくてはならない。そして、宗教的相違と紛争との結合を望む人々は、勿論のこと、宗教的動機だけで動いている人間からのみ構成されている訳ではない。もし宗教的相違のみが一元的に紛争の構図を決定するのであれば、同じ宗教の信徒同士の紛争は考えられない。初代キプロス大統領マカリオス三世はキプロス正教の大主教でもあり、クーデターは同じ宗教の信徒によって企てられているのである。

宗教的相違が民族紛争の構図に影響する事例があることは否定しないが、それだけでは民族紛争は発生し得ない。むしろ、我々が民族紛争の構図を単純化して理解しようとする場合に、宗教が持ち出されることが多いのである。そして、単純化はしばしば正しい理解を妨げることにもなる。

民族紛争発生の十分条件

これまでに述べてきたような民族紛争の必要条件がいくら揃ったとしても、実際に民族紛争が発生するには、十分条件とも言うべき要因が必要となる。逆説的に言うと、もし民族紛争発生の十分条件の存在を無視してしまうと、辛うじて平和的な多民族共存の状態が継続してきたとして、それにも拘わらず、何故にある時点において民族紛争が発生していったかという説明が困難になるのである。本書では、民族紛争発生の十分条件として、当事者が感ずる恐怖、民衆の行動、その民衆の動きを特定の方向にまとめるリーダーシップという三点を指摘しておきたい。

相手に対する恐怖

混住的である居住パターン、民主化による混乱、経済的悪化、かつての武力衝突の記憶、宗教的相違、これらによって相手民族に対する敵意だけでなく、いつ攻撃されるか分からないという恐怖が起きる余地も生まれてくる。

こうした恐怖が紛争発生の危険性を高めるという考え方が、安全保障ジレンマである。安全保障ジレンマは、冷戦時代の米ソ核軍拡構造を説明する為に案出された。その考え方は、第一次世界大戦直前の意思決定過程や民族紛争に関する考察にも援用されている。安全保障ジレンマの特長は、全ての当事者が平和を望んでいるにも拘わらず、何故に軍拡が進行するかを明らかにした点にある。

当事者AとBは敵対的関係にある為にコミュニケーションが不十分である。そうした中で、Aが自衛の為に軍拡を行うが、Bはそれを自身への攻撃の為であると認識し、対抗して軍拡を行う。その結果、Aは自身の安全保障を高める為に行った軍拡の故に安全保障を低下させる。

これが、安全保障ジレンマの概要である。

安全保障ジレンマが機能する条件は、相手の行動における攻撃と防衛との区別が不可能であること、攻撃側が有利であるという確信が浸透していること、という二点である。

敵対的な民族間関係にある当事者間では円滑なコミュニケーションは困難であり、また特に飛び地に居住している民族的少数派の場合、攻撃されたら終わりであるという恐怖が浸透していることもあろう。

そもそも国際政治における軍拡構造を説明する安全保障ジレンマは、一九九〇年代初めに民族紛争の説明に持ち込まれた。国際政治においては国内政治と異なって中央政府が存在していない。従って、中央政府が機能していない民族紛争の真っ只中であれば、安全保障ジレンマが適用可能であろうというのである。安全保障ジレンマを民族紛争発生の説明に用いることには批判もあろうが、少なくとも、民族間関係の悪化については、分かりやすい道筋を提供している。

民衆の行動

安全保障ジレンマで説明しきれない点を補うには、実際に民族紛争に関わっている人々について考えていかねばならないだろう。まず、民衆である。

安全保障ジレンマが機能し始めると、民衆の間に恐怖が高まってくる。また、安全保障ジレンマを起こさせる要因も、民衆に直接に影響を与えていくだろう。例えば、民主化の過程において、旧来の秩序が動揺・崩壊し、新たな秩序が未だ確立されていない段階では、将来の見通しが立たず、民衆は不安や不満を持つだろう。経済的悪化も同じような影響を与えることになる。

以上のような恐怖、不安や不満が蓄積されているときに、何らかの事件が起きるならば、民衆のエネルギーが一気に放出され、集団的な行動が開始されるだろう。きっかけとなる事件としては色々と考えられる。例えば、突発的な暴動、選挙の実施とその結果を巡る混乱、指導者の死亡、生活物資の奪い合いなどである。

エリートの指導とその成功の可能性

民衆が不満のエネルギーを放出して暴走しても、それで民族紛争が発生するとは限らない。民衆による集団的行動は単なる暴動に終わってしまうかもしれない。そのエネルギーを民族紛争の方向へと指導する役割を果たす存在が必要となるのである。その役割を果たすのが、エリート、特に政府に敵対する側で紛争を起こすエリートである。

しかしエリートとても、成功の可能性がなくては民族紛争に関わることは難しい。コーリアによれば、成功の可能性を上昇させるのは、一方では財政基盤(天然資源の略奪、国外の民族的同胞からの送金、紛争の舞台となっている国家に敵対的な国家からの援助)である。敵対的な国家からの援助と類似しているケースとして、紛争の舞台となっている国家の外に強力な民族的本国が存在する場合、反政府的エリートは、成功の可能性の上昇を期待するかもしれない。

他方で、民族紛争のコストが低ければ、財政基盤が弱くとも、相対的に成功の可能性が上昇することになる。民族紛争のコストが下がる場合としては、そもそも戦闘そのもののコストが低いこと、そして相対的にコストを引き下げる相手方の要因(脆弱な軍事的能力、連帯力の弱さ)の存在が指摘されている。また、紛争の危険性を孕んでいる国家に貴重な天然資源が豊富にあれば、それを独占できる可能性もあり、エリートが民族紛争に関わる誘因は一層高まることになる。

成功の可能性が大きければ、エリートが主体的に民族紛争に関わって、自ら民族紛争を起こす場合も考えられよう。例えば、リーダーが自身の目的の為に民衆を動員して民族紛争を起こしたり、エリート達が主に国外の支援を受けて国家に対して反乱したりする場合などである。

民族紛争の発生に際して、民衆とエリートのうちでどちらが主役であるかはケース・バイ・ケースであり、またどちらが主役であるかを決めにくい事例も多い。本書に収められている事例のうちで、強いて言うならば、紛争の発生に民衆が中心的役割を果たした事例としてスリランカ紛争を挙げることができる。対照的に、民族紛争の発生において際立った役割を果たしたエリートとしては、ルワンダ紛争におけるフトゥ人急進派エリートを挙げることができる。いずれにせよ、必要条件が存在した上で、恐怖を感じている民衆の行動とそれを紛争へと向けるエリートの指導という十分条件の双方が揃わなくては、民族紛争は発生し得ないのである。

第8章　予防はできないのか

連邦制などパワー・シェアリングの考え方を投影したイラク憲法案の国民投票で，票を投じるアラウィ前首相．ロイター＝共同，2005年10月16日

多民族性の否定

民族紛争が発生しないようにするにはどのようにすれば良いのだろうか。個別の事例で考えれば、前述の必要条件や十分条件が揃わないように対処すれば良いことになる。しかし、そもそも民族紛争は事前に予防できないのだろうか。

民族紛争が発生する根源に多民族性の存在があることは間違いない。それならば、多民族性を根絶すれば、民族紛争がその地域では発生しないだろうという非常に乱暴な議論が成立しないでもない。そうした議論に立脚すると、他の民族を根絶やしにする、他の民族を領内から追い出すといった、他者を物理的に排除するというやり方がまず考えられる。ジェノサイドや民族浄化である。同様に、多民族国家から自分達だけで分離独立してしまおうという考え方も、他民族との平和的共存を認めないのであるから、多民族性の排除と言えるだろう。

他方で、他民族の成員について各人の物理的存在は認めるが、共同体としての民族の存在は認めないというやり方もある。対象とする民族の集合的アイデンティティを捨てさせ、自分達の民族的アイデンティティを強制するという同化である。同化されること自体、その対象となった民族においては苦痛なことだが、同化について更に問題なのは、たとえ同化されたとしても、彼らはしばしば「二級市民」「二流国民」としか扱われないことが多々あることである。勿論、こうした排除や同化は認められないし、認められたとしても、そのコストは非常に高いものにつく。

他民族に対する支配

それでは他の民族の存在を認めればよいかと言えば、それだけでは民族紛争の予防にはならない。ある民族が他の民族の存在を前提として、それらを支配するということも考えられるからである。その端的な例が奴隷制だろう。実のところ、他民族に対する様々な形態の支配こそが、民族間関係の一般的な歴史においては普通なのである。

更に言えば、民主主義すらも、他民族に対する支配の正当化に資する可能性がある。民主主義の根本原理のひとつに多数決がある。従って、民族的多数派が自分達の利害に関心を集中させるならば、民族的多数派は民主制において常に自己の利益に適う政策を実施することが可能なのである。換言すれば、民族的多数派は、たとえそれが民族的少数派に対する差別的政策であったとしても、民主的手続きを通じてそれを正当化することさえできるのである。

パワー・シェアリング

近年、紛争後社会の復興の際に、パワー・シェアリング(power sharing)と呼ばれる考え方が中核に据えられることが多い。本書の事例でいえば、ルワンダのアルーシャ協定(一九九三年)、ボスニアのデイトン合意(一九九五年)がそうであるし、レバノンのタイフ合意(一九八九年)、北アイルランドのベルファスト協定(一九九八年)、マケドニアのオフリド協定(二〇〇一年)にもパワー・シェアリングの考え方が投影されている。現行のイラク憲法、ブルンディ憲法も同様である。

それでは、パワー・シェアリングとは一体どのようなものなのだろうか。それは、各民族の利害対立を、取引や譲歩などを通じて緩和し、個々の民族の利害を超えた全体の利益を見つけるという考え方である。その為には、各民族に利益や負担の平等な配分が求められることになる。その結果、民族的少数派の利益は制度的に保障されることになるのである。

それでは、少数派を保護する具体的なシステムとして、どのようなものが考えられるだろうか。本章では、連邦制、文化的自治、多極共存制について検討してみよう。

連邦制

連邦制は、ある国家を領域的単位に分け、その構成単位に権限を与えるというものである。それによって、各構成単位は連邦政府の横暴から領域の住民を守り、少数派の保護を行い得るのである。

連邦制には、連邦主義を伴うものとそれを欠くものがある。連邦主義の特徴のひとつに、連邦構成単位が最終的な権限を有している分野があり、その分野については連邦政府も介入できないという形で、連邦構成単位を保護するというものである。一般的なイメージでは、連邦国家の方が単一国家よりも高い分権度を示しているように思われるかもしれない。しかし、かつてのソ連のように、連邦主義を欠いているならば、連邦国家であっても、単一国家よりも低い分権度しかないというケースもある。連邦主義を伴う連邦国家ですら、そうした場合もある。要は制度設計次第である。

多民族国家に連邦制が導入された場合に、民族紛争の予防という観点から、どのような問題があるだろうか。

第一に指摘できることは、連邦構成単位間の境界と民族居住地域間の境界との不一致の問題である。つまり、どのように連邦構成単位間の境界を画定しようと、単一民族的な単位が成立することは困難であり、結局のところ、クロアチアのセルビア人のように、境界をまたがって居住する民族が生まれる可能性があるのである。他方で、単一民族的、あるいはそれに近い構成単位が生み出された場合に、今度は構成単位の住民が一致団結して連邦から離脱しようとするかもしれない。人口の九〇％以上がスロヴェニア人であった、旧ユーゴ地域のスロヴェニアがその好例である。

第二は、連邦構成単位に大きな権限を与えた場合、構成単位が憲法、政府、議会だけでなく、より具体的な治安や課税に関する権限を持つことで、一種の擬似国家となりかねないという点である。これは、民族紛争における当事者が、民族という曖昧なものから、国家政府に近い組織を持つ明確なものへと変わることを意味する。その結果、紛争のハードルが低くなり、分離独立への動機が増大する可能性が生まれる。旧ユーゴ地域やナゴルノ・カラバフのケースにそれを見て取れる。

これらの問題点は、特定の領域的単位に権限を移譲することから生じている。それならば、領域ではなく民族に権限を移譲すればよいではないかという方策が、以下に挙げる文化的自治であり、多極共存制である。

文化的自治

文化的自治とは、民族を文化的共同体であると前提した上で、民族に関わる文化的分野における自治の権限を、領域ではなく民族そのものに与えようというものである。文化的分野の自治権を、その領域に単に移譲するというものではない。

この考え方は、ハプスブルク帝国のうち、オーストリアで大きな影響力を持った社会主義者のカール・レンナー、オットー・バウアーらによって唱えられた。第一次世界大戦直前のハプスブルク帝国の一部地域においては導入が試みられた。

文化的自治の具体的な内容は、次の通りである。まず自治を大きく、政治的自治と文化的自治とに二分する。前者に関する立法や行政は領域的な自治に基づいて処理する。これに対して、後者については、まず民族的に分けられた領域に自治を与えるが、どうしても民族的少数派の要求積み残しが現れてしまう。それらを拾い上げる為に、民族別に全自治行政区域が全国規模の連合体（「民族共同体」とされる）を形成し、この連合体が文化的な事項の処理に当たるというものである。

文化的自治については、キプロスの一九六〇年憲法にその要素が見られ、クロアチアやスリランカで提案されたこともあったが、施行の実例が少なく、その期間も短い為に、評価を下すことは難しい。

多極共存制

オランダの政治学者、アーレンド・レイプハルトは、民主制を採用している多民族的な小国が如何にして政治的安定性を確保しているかを分析した結果、多数決で意思決定をする民主制(ウェストミンスター型)とは異なり、民族を政治組織化した上で、そうした組織間の交渉と取引とを通じて政治を運営していく民主制があることを明らかにした。以前にもそうした研究を行った研究者もいたが、レイプハルトはそれらを多極共存制(consociational system)と名付けたのである。

紛争後の国家の制度設計においてパワー・シェアリングの考え方が導入される際に、多くの場合、多極共存制がモデルとされている。本書が取り上げた事例の中でも、ボスニアのデイトン合意、ルワンダのアルーシャ協定はいずれも多極共存制の要素を含んでいるし、一九六〇年のキプロス憲法も同様である。そこで、多極共存制を少し詳しく紹介しておこう。

多極共存制の特徴は、大連合、相互拒否権、民族的比率に基づく資源配分、各民族の自律性の四点である。

多極共存制の特徴

大連合――政治的安定性の確保という観点を無視して、資源の取り分という観点から単純化を敢えて行うならば、政権を保持する側(議会与党の議員)にとって最も好ましい状態は、議員定数の過半数のうちで最も五〇%に近い議席を得ているときである。何故ならば、与党議員全員に資源が平等に配分されると仮定して、与党議員一人当たりに分配される量は、資源全体を分子、議員数を分母とした分数の値である。従って、取り分という点からは、分母が小さな方が望ましいのである。しかし、多民族国家において政治的安定性を得るには、こうした「最小勝利連合」ではなく、民族的少数派を含めて、ほぼ全ての主要な政党(民族)を意思決定過程に関与させ、資源を分け合う、即ち、意思決定過程に取り込んだ方が得策である。これを大連合という。

相互拒否権――意思決定過程においては、当然に利害対立が生ずる。各民族にとって重要な事案を処理する際に多数決によって意思決定を行うことになれば、民族的少数派は無視されることになる。意思決定過程に取り込んでおきながら、その「果実」が配分されない可能性があるのである。この状況が続けば、民族的少数派の側は不満を高め、意思決定過程から離脱してしまうかもしれない。こうした事態を防ぐ為には、民族的少数派に拒否権を与えることである。特に民族的少数派にとって重大な利害が絡む問題については、その問題の処理に関する最終的な決定権が少数派にも与えられなくてはならない。「全会一致の原則」の導入と言い換えることもできる。

民族的比率に基づく資源配分――多くの多民族国家の政府にとって、最も悩ましいもののひとつに、資源配分をどのような原則に従って行うかという問題がある。様々な原則が考えられるが、利便性や透明性という点では、国民に占める各民族の割合に比例して分配することが優れているだろう。それが価値中立的でもある。こうした比例性原理に基づいた資源配分が実施されれば、勝者が総取りすることを前提とした、「最小勝利連合」の出現を防ぐことにも繋がる。

各民族の自律性――その国家を構成している民族を政治組織化し、政党が中央政府とのチャネルとなれば、中央政府はその政党を通じてのみ、各民族との関係を保つべきである。換言すれば、中央政府は、民族にのみ関わる問題については干渉せず、民族の自律性を保障しなくてはならない。勿論、国家全体に関わる事項については別の話である。

多極共存制の問題点

多極共存制のシステム上の問題点としては、以下の三点が指摘できよう。

まず、「足きり問題」がある。大連合を形成し、資源を比例配分とするとして、どれくらいの規模の民族的少数派（政党）を意思決定過程に取り込めば良いのだろうか。例えば、ある国においてA党（A民族）、B党（B民族）、C党（C民族）、D党（D民族）があり、それぞれ人口の五〇％、四〇％、九％、一％を占める場合、A党からD党まで全てが大連立に参加したとして、D党が資源配分に与れるのは、一〇〇以上に細分化できる資源しかない。一〇ポストしかない場合、D党の扱いはどうすれば良いのだろうか。

次に、「少数派の暴力」がある。確かに民族的少数派に拒否権を与え、彼らが制度的に抑圧されることがないように制度的保障を行うことは必要だろう。しかしそのことが効率的な意思決定の妨げになる可能性があることは確かである。民族的少数派が些細な問題に対しても拒否権を乱発すれば、その政府では何も決まらないことになる危険性がある。

最後は、国民に占める民族的な割合が変化した場合の問題である。民族的な比率が変動するのは当然であり、変動の捕捉は、五年なり一〇年なりごとの国勢調査に基づいて行えば良いだろう。しかし、変動の結果、ある民族の比率が下がった場合、その民族はそれまでの「既得権益」をなかなか手放そうとはしないだろうし、比率が上がった民族はそれに基づく資源配分を一刻も早く求めるだろう。また比率を自民族に有利にする為に、自民族の移民を増やそうとすることも考えられる。

民族紛争の予防方策に共通の問題点

これまでに触れてきた民族紛争の予防方策には、共通の問題点がある。ここでは三点を指摘しておきたい。

第一に、多民族国家において民族的少数派に配慮した統治を行えば、少なくとも短期的な統治の効率が低下することは必定である。各民族の言語だけに注目しても、それぞれの言語で文書を作成しなくてはならないし、それぞれの言語への通訳や翻訳の煩雑さやコストも無視できないだろう。

第二に、国家を形成している民族の文化を尊重する余りに、その国民全体のアイデンティティ、即ち、各民族を架橋する共通のアイデンティティの構築に障害が出るかもしれない。国民全体を包摂するアイデンティティがなくては、国民が一丸となれずに、他国と競争したり、交渉を行ったりする場合に、大きな支障になるという懸念が生まれる可能性がある。

第三に、しかし何よりも、民族的多数派、特にそのエリートが自民族中心の行動を取る危険性が存在するのである。民族的少数派は、明示的にも黙示的にも、実に様々な圧力を民族的多数派から受けている可能性がある。それを緩和したり防止したりする為に設けられた少数派を保護する方策が、時に多数派に対して明確な妥協を求めるかもしれない。

例えば、多極共存制を採用している国家において、民族的多数派Ａが国民の六〇％、Ｂが四〇％を占めているとする。その場合、比例性原理に従えば、一〇〇ユニットの資源はＡに六〇、Ｂに四〇が分配されることになる。何らかの理由で、資源が八〇ユニットに減った場合、Ａは八〇の六〇％の四八、Ｂは四〇％の三二を得ることになる筈である。しかし、そうなれば、Ａの成員から取り分の減少について不満が出るだろうし、彼らが自民族のエリートを突き上げ、次回の選挙では落選させてやると脅すかもしれない。対抗馬を立てるかもしれない。そうした自身の危機を避ける為にエリートが取り得る選択肢のひとつに、Ａに配分される資源の絶対量を減らさないというものがある。資源全体が八〇ユニットになっても、かつてのＡの取り分である六〇を確保するというものである。そうなった場合、Ｂには残りの二〇しか残らない。その結果、八〇の七五％がＡへ、二五％がＢへ渡ることになる。一〇〇ユニットが八〇ユニットに減ったことで、少数派であるＢの絶対的取り分は四〇から二〇へと半減するのである。

このことが、比例性原理から大きく逸脱していることは明らかであるが、民主主義の多数決に従って資源配分の原則を変更することは可能である。身内の不評を買ってまでも、少数派保護の為に比例性原理に殉じることができる多数派エリートばかりであると断言できないことも、また明らかである。必ずしも比例性原理に則ったものとは厳密には言えないが、多極共存制的な要素を含むキプロスの一九六〇年憲法への不満が高まり、ルワンダのアルーシャ協定の実現が先延ばしになったのは、民族的多数派が取り分の減少を嫌ったからである。

さて、民族紛争の予防方策が機能しないとなると、民族紛争は発生し成長し始めるかもしれない。垂直方向での成長である激化、水平方向での成長である拡大について、次に考えてみよう。

第9章　どのように成長するのか

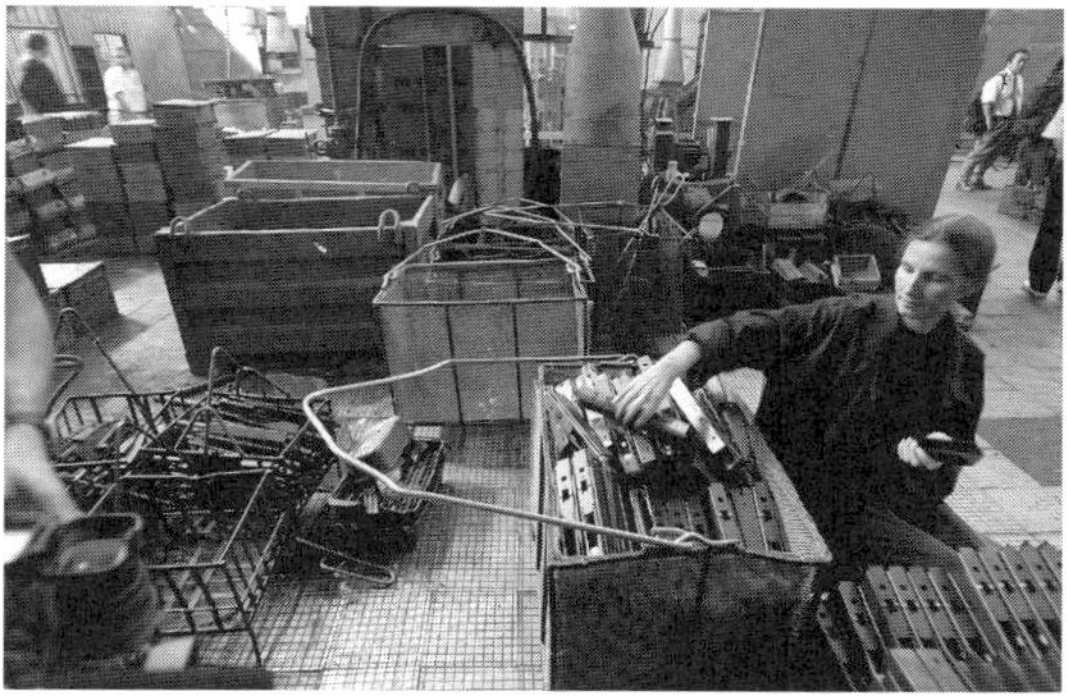

ロシア・イジェフスク市にある AK-47(カラシニコフ銃)の組み立て工場．この工場では年約 10 万丁が生産される．AFP＝時事，2007 年 8 月 6 日

民族紛争の激化

民族紛争はひとたび発生すると、前述の三つの要素(相手への恐怖、民衆の行動、エリートの指導)が相互に強化されることで、紛争レベルを上昇させていく。紛争の激化である。その点では、民族紛争の発生メカニズムと基本的に同じである。

ここでは、紛争の激化に関する理解を幾つか紹介した後に、激化の社会心理学的な側面について簡単に触れるに留めたい。

紛争の「一生」

紛争は人間の一生に例えられることが多い。人間の誕生のように発生し、青年期のように激化し、壮年期のように成熟し、老年期のように衰退し、やがて終了するというものである。民族紛争の激化の段階とは紛争の青年期である。

紛争はどのようにして激化していくのだろうか。多くの論者は、紛争が右肩上がりの直線状に激化するのではなく、段階的に激化していくとする。紛争激化に関する段階論である。即ち、紛争は、暫く激化した後に、一時期はレベルが一定に留まるという「踊り場」にあり、その後にまた激化するというステップの繰り返しを通じて、全体としても激化していくというのである。

これに対して、一度の紛争の激化過程はそうかもしれないが、ひとたび起きた紛争と同じ当事者の組み合わせで起こる場合には、紛争激化の段階論のように、一回期性の出来事として紛争を説明するのは、紛争激化に関する理解を誤らせる可能性があるとする意見がある。紛争を、発生↓激化↓停滞↓衰退↓終了↓発生……のように、循環的な過程として理解する必要があるというのである。

更に、紛争サイクルが循環するとしても、同じ当事者が再度の紛争に関わる場合は、最初の紛争と比較して、当事者間の関係が当初から緊張しているのではないかという主張がある。紛争が起こりそうになると、「また奴らだ！」という訳である。紛争は同じ軌道の円を描くのではなく、紛争が再発した場合には、前回の紛争に比較して、出発点が当初から高いレベルにあり、激化のスピードも速く、紛争の最高点も高くなる筈である。従って、同じ当事者の組み合わせによる複数の紛争の軌道を重ね合わせると、上向きのスパイラル状になるというのである。

しかしながら、紛争が一回期性のものだろうと、サイクルやスパイラルといった形状を呈するものだろうと、その激化の局面において段階的に激化するという理解に相違はない。

激化に伴う当事者の行動の変化

民族紛争が発生し、激化して最高レベルに達するまでに何段階を経るかについては、様々な考え方がある。筆者は、紛争当事者の行動においてまだ合理性が支配している段階、紛争当事者の行動が一般的に非合理的になった段階、暴力が支配している段階、という三段階に分けて論じたことがあり、本章でもそれを引用したい(月村「エスニック紛争の構図」三二頁を一部修正の上で引用)。

第一段階——合理的処理の努力。当事者は、相手との間に潜在・顕在的な紛争を認識しており、自己の立場を維持しつつ、相手を説得しようとする。それを合理的に行おうとする。紛争レベルが上がるに従って、争点は、相互の立場そのものに変化し、それに応じて、個人攻撃や過度の誇張など、非合理的な言葉が目立ってくる。更に、言葉以外の手段を通じた意思表示が現れる為に、言葉によるコミュニケーションの総量が減少し、相手の立場に関する誤認・誤解が発生する。

第二段階——ステレオタイプ的イメージの浮上。コミュニケーションが減少する為に、相手に対するステレオタイプ的イメージが発生し、暴力に関する「自己充足的予言」が見られるようになる。当事者における紛争継続の動機は争点の解決や自己の立場、利益の維持ではなく、勝敗へと転換していく。ステレオタイプ的イメージは次第に歪み、歪んだそれ同士が衝突する。自他に関する判断基準を善悪の二分法が支配するようになる為に、妥協の可能性が除外される。暴力レベルは次第に上昇するが、まだ脅迫を目的とする暴力の使用が中心である。

第三段階――暴力の支配。暴力レベルの上昇に従って、相手に如何にダメージを与えるかという意図が中心となり、脅迫による威嚇効果は低下する。合理的な費用便益計算よりも自己の威信が重視される。更に進むと、あらゆることに対して、相手の破壊が優先する。最終的には、当事者は、刺し違えすらも覚悟する。

民族紛争の拡大

民族紛争が発生すれば、その紛争が領域的に広がっていくことは避けようがない。その拡大が、発生した当初の当事者の領内に収まっている間はまだしも、その影響が国境を越えて隣国に及ぶならば、紛争は劇的に拡大する可能性を持つことになる。

隣国へと領域的に拡大する場合は、二つのパターンが考えられる。第一は、民族紛争がもたらす様々な悪影響が越境し、隣国へと波及していくパターンである。第二は、民族紛争に対して隣国が意識的に介入する場合である。しかし両パターンを明確に分けることは必ずしもできない。

隣国への波及

ある国家Aの隣国Bで民族紛争が発生すれば、Aにとってはすぐに、次のような問題が生じてくる。

まず大量の難民が発生し、彼らが国境を越えてやってくる可能性が出てくる。彼らへの対応は、難民キャンプを設置するにせよ、帰還させるにせよ、Aにとっては、多大な経済的負担を強いることになる。また難民に紛れて戦闘員が越境してくる可能性も考えられる。更に、Bにおける民族紛争の当事者と同じ民族的組み合わせがAにも存在すれば、まさに民族紛争そのものが越境してくる可能性すらある。クロアチアとボスニアとの関係、ルワンダとブルンディとの関係がまさにそれに当たる。

次に、Aの生産物の主要な輸出ルートがBを通過する場合、Aによる輸出はストップし、Aの経済は大打撃を受けるだろう。Aが内陸国であり、Bにのみ積出港があるならば、被害は一層甚大である。Aに対して行われてきた外国の投資が引き揚げられることも考えられるし、Aの観光産業が壊滅的な打撃を受けるかもしれない。

民族紛争の舞台が近ければ、Bの一方の紛争当事者がAの領内に物資の中継地、戦闘員の避難所、更には活動拠点を築いてしまうかもしれない。そうなれば、Bの他の紛争当事者がA領内の拠点を攻撃し始めることも考えられる。アジアやアフリカの新興独立国において実効的な国境管理が為されていない場合、こうした危険性は当然に高い。

いずれの理由にせよ、AがB領内の民族紛争の悪影響を被り、巻き添えになるかもしれない。防衛的に介入するケースも出てくるだろう。

隣国の介入

隣国Aがより積極的に介入する可能性もある。そうした場合には、感情的な動機(民族的同胞の救済、失地回復、リーダーの人的関係など)と、介入によって他の利益を得ようとする手段的動機とがある。

介入の態様に関しても、二つに分けることができる。第一は「口先」介入である。民族紛争に関する懸念や非難を表明したり、和平交渉を呼び掛けたりする、などが考えられる。民族紛争の争点が分離独立であれば、一方的に独立を宣言した当事者を国家承認することも「口先」介入に含まれる。

第二は実質的介入である。これには、物資の援助に始まり、どちらか一方に加担した軍事介入に至るまで、様々な内容が考えられる。

動機と介入とはどのような関係にあるだろうか。「仲間を救え！」というメッセージは強烈であり、感情的動機と実質的介入との関係が高いと思われがちである。しかし実際には、実質的介入する場合、国家リーダーは手段的動機を考慮することが多い。勿論、国民の間で同胞救済の声が高い為に、それを無視できずに実質的介入をすることも考えられる。しかし、その場合でも、リーダーは国益や自己の保身の為に介入するのであり、そこにあるのは手段的動機である。

アルメニアがナゴルノ・カラバフに積極的に介入した理由、ギリシャが引き起こしたキプロス紛争にトルコが軍事介入した理由は、それぞれアルメニア、トルコにおける人々の熱情を抑えきれず、それに押し切られた形をとったとしても、それを利用したという側面が強いと考えられる。ルワンダの場合も、ルワンダ愛国戦線の攻撃はルワンダ国内のトゥチ人の保護という理由だけでは理解しきれない。

民族紛争の長期化

発生後の民族紛争について指摘しておかなくてはならないことは、それが長期化する傾向があるということである。本書の事例の中では、四半世紀以上続いたスリランカのケースが目立つが、パレスチナのケースはそれ以上である。全面的な戦闘の期間は短くとも、その「導火線」となる小競り合いがかなり前から始まっていた場合もある。ルワンダのケースのように、「前哨戦」としての紛争が下火にこそなってはいたが、それが完結していないうちに、新たな民族紛争として再燃した場合には、二つの紛争をひと繋がりの紛争と見なした方が理解しやすいこともある。

民族紛争が長期化する理由としては、次の四点を挙げておきたい。

第一は指導力の脆弱さである。指導力が強ければ、そもそも民族紛争が発生する可能性は低い。政府側にせよ反政府側にせよ、リーダーの指導力が弱いことで、自民族内に対抗リーダーが生まれてきやすい。彼らはリーダーの弱腰を責めるかもしれない。それに抗する為には、リーダーも少なくとも対抗リーダーと同じレベルまでは強硬な言動を行わなくてはならない。その結果、対抗リーダーは、対抗しきれずに「矛を納める」こともあろうが、より強硬な発言によって張り合うかもしれない。

それに関連して、中央リーダーの威令が出先の司令官に届いていなければ、たとえリーダーが停戦に合意しても、出先はそれを遵守せず、合意を破るかもしれない。そうなれば、破られた方は、「裏切り者」との以降の交渉を忌避するだろう。また、停戦に反対する急進派を抜きにして合意が成立したとしても、その実効性は乏しい。そもそも、指導が確立していなくては、誰を交渉のテーブルに着けるかという選択すらも、難問になる。

第二は、そこで採用される戦術と使用される武器である。民族紛争における一般的な戦術はゲリラ戦やテロである。従って民族紛争では、本拠を叩いて短期間のうちに敵を圧倒するという展開にはなりにくい。

使用される武器の主役は軽火器である。戦車や弾道ミサイルなどではなく、携帯可能な武器である。その代表がＡＫ‐47（カラシニコフ銃）である。軽火器は武装解除が難しく、一度は解除できたとしても、密輸などで容易に越境してくる。

第三に、紛争が長引けば長引く程、紛争の継続に固執する人々が生まれてくる。例えば、家族や友人が戦闘の犠牲になった為に、その仇討ちを目的として紛争の継続を求める者がいるだろう。しかしより重要なのは、本来は暫定的である戦時政治や戦時経済が日常化することによって、そこから私的利益を得ている人々が誕生してくることである。例えば、地方軍閥のボスは、民族紛争が終わって国土の統一が回復されれば、早晩その地位から放逐されるかもしれない。闇市場の顔役は、経済が脱戦時化されれば、いずれ用なしである。ボスにせよ顔役にせよ、当然、多くの取り巻きや関係者もいる。そうした戦時の「申し子」達は紛争が終われば、その座から追われるだけでなく、犯罪者扱いされるかもしれない。彼らがそうした事態を恐れて、紛争の終結を妨害することは十分に理解できよう。

最後に、紛争が長引けば、様々なエピソードが生まれる。その中には、ある村の全滅やある市における集団殺害などのように、敵の残虐さの象徴となり得るものが含まれることもある。ボスニア紛争のスレブレニツァであり、ナゴルノ・カラバフ紛争のホジャリであり、コソヴォ紛争のラチャクである。そうなれば、その犠牲者の恨みを晴らすまで、戦闘を終了できないと心に刻む成員もいるだろう。また、紛争が長期化する程、紛争の争点が増えてきたり、新たな紛争当事者が参加したりすることもある。これらはいずれも紛争の構図を複雑化させ、紛争を更なる長期化へと導く要因である。

民族紛争が成長していけば、当事者間でそれを途中で止めることは非常に難しい。当事者間のチャネルの維持が困難になる為に、たとえ一方が民族紛争の成長を止めようとしても、他方にそれが伝わらない。一方が民族紛争を終わりにしようという意図で攻撃を控えれば、他方がそれを相手が弱っているシグナルとして捉え、攻撃を激化する危険性すらあるのである。

第10章　紛争の終了から多民族社会の再建へ

ルワンダ国際刑事裁判所で，証人尋問を行うケニア人弁護士．被告は大虐殺を指揮した最高責任者とされるバゴソラ・元ルワンダ政府軍大佐．共同，2006年3月31日

民族紛争の終わり方

民族紛争はどのように終わるのだろうか。本書の事例から見ると、大きく二つのパターンに分けることができる。

第一のパターンは、紛争当事者の一方が勝利して、終わる場合である。スリランカ、クロアチア、ルワンダ、ナゴルノ・カラバフのケースである。キプロス紛争の場合は、本来は外部者であるトルコが紛争当事者化して軍事介入し、一方的勝利のうちに紛争を終わらせた。

第二のパターンは、紛争の解決を目指して国際社会が介入し、紛争が終了する場合である。典型的なケースはボスニアである。コソヴォの場合も国際社会の介入が見られるが、紛争当事者の間で中立的な姿勢を取ろうとしていたボスニアの事例と異なり、国際社会はコソヴォのアルバニア人の側につく形で早い時期に介入している。

第一と第二のパターンにおける最大の相違は紛争後にある。第一のパターンの場合は、紛争の舞台となった国が主体的に紛争後の社会の復興に取り組むことになる。ナゴルノ・カラバフの場合は、アルメニアが抱えることになる。これに対して、ボスニアとコソヴォの場合は、国際社会が主導した「国造り」が始まるのである。紛争後の社会の復興のあり方という点から見ると、ボスニアとコソヴォはアフガニスタンやイラクの事例に近いということが言えるだろう。

国際的な平和維持活動

第二のパターンでは、国際的な平和維持活動が展開されることになる。平和維持活動の主体は一般的に国連であると考えられている。しかし個々の事例においては、必ずしも国連が主体ではない平和維持活動も存在する。例えば、インドはスリランカ、フランスはルワンダでそれぞれ平和維持活動を行った。ソ連崩壊と共に独立国家となったモルドヴァでは、東部(沿ドニエストル共和国)にロシアなどが平和維持活動を展開している。

ここではその活動の一般性から、国連による平和維持活動について見ていくことにしよう。国連平和維持活動のほとんど全ては国連安保理決議を経て発動されてきた。それは、冷戦時代には国連平和維持活動の発動が困難であったことを意味する。確かに、一九四八年から二〇一〇年三月までに六三の国連平和維持活動が設立されたが、そのうちの四九が一九八八年以降である。

本来的な平和維持活動は「交戦者の停戦や兵力撤退の実施の監視や査察といった、戦闘の再発防止のための緩衝的役割、あるいは現地の治安維持などの警察的な任務」に限られており（香西『国連の平和維持活動』三頁）、停戦合意締結後に展開されてきた。しかし、紛争形態の変化や国連平和維持活動の増加によって、その活動内容にも変化が見られる。その特徴の第一は、本来は軍事的な側面が中心であった国連平和維持活動がそれ以外の分野の活動、例えば、選挙監視や憲法起草にも従事しているという点である。そして第二は、紛争当事者化することを前提とし、平和執行的要素が強い活動が含まれる場合があるという点である。二つの特徴を併せ持つ国連平和維持活動も現れている。

平和構築活動

平和維持活動が展開され始めると、その後に「国造り」が始まることになる。その活動は、平和構築活動と総称することができる。

より具体的には、平和構築とは「単なる戦争の欠如以上の平和の基盤を再確立するための道具を提供する諸活動」（篠田『平和構築と法の支配』二一頁）である。確かに、我々の印象に照らせば、停戦合意後の平和維持活動によって維持されるべき「平和」（＝戦闘の終了）だけでは、紛争後の社会が平和であるとはとても言えない。紛争後に維持されるだけでなく、構築されるべき平和があるのである。

紛争後の社会において、すぐに問題となるのが、増員されていた政府軍の兵士や武装組織の戦闘員の取り扱いである。彼らを武装解除し、動員解除し、社会に再統合すること（これら三つの英単語、disarmament、demobilization、reintegration の頭文字を合わせて、ＤＤＲと言われる）が必要となる。

紛争後の社会の治安を回復するには、警察組織や検察や裁判所などの司法組織の整備も必要である。これが「治安部門改革」（security sector reform、頭文字をとってＳＳＲと言われる）である。それらと並行して、あるいは相前後して、その他の民主的な制度構築への支援も行われる。これらは、平和創造と総称される。紛争の再発を防ぐ為にはその国家が「一本立ち」できるようにしなくてはならない。

さて、紛争終了後の国家において、紛争中の犯罪や非人道的行為の扱いをどうするかが、大きな問題となる。いわゆる戦犯問題である。これは、大きくは「移行期正義」に関わる問題である。

「移行期正義」を巡る問題

「移行期正義」とは、「軍事独裁政権や紛争後の社会が、民主的な社会に「移行」する際に、過去の人権侵害行為に対処する措置、メカニズム、プロセスのことであり、「正義」を追及(追究・追求)する一連の取り組み」であり、「正義の追及によって、真実の追究、法の支配の定着・確立、不処罰の防止、和解が達成されるという理解」である(いずれも望月『移行期正義』一頁)。

移行期正義を無視して、紛争中の犯罪や非人道的行為を不問に付すという選択肢があるかもしれない。特に民族紛争が一方的勝利に終わったケースにおいては、勝利者側が身内の犯罪を暴くことは難しい。それでも、国際社会は勝利者に対して間接的な圧力をかけることがある。例えば、クロアチアは自力で国土の回復を果たしたが、国際社会は、クロアチアの悲願であるEU加盟をレバレッジとして、クロアチア政府に戦犯の逮捕に関して協力を求めた。スリランカも紛争後の復興には国際社会からの支援が不可欠である。国際社会の介入によって終了した民族紛争の場合、移行期正義の進展は、当然に国際社会から求められるだろう。

移行期正義を実現する場としては、大きく二つのものがある。裁判所と真相究明の為の委員会である。

第一の場については、更に、国際社会が設立した裁判所と、紛争の舞台となった国家の裁判所に分けることができる。前者については、クロアチアやボスニア、コソヴォに関する旧ユーゴ国際刑事裁判所、ルワンダ国際刑事裁判所がある。そして、これらが臨時の裁判所であるのに対して、二〇〇三年に常設裁判所として国際刑事裁判所が設立されている。しかし、これらの司法機関は訴追された人物を逮捕する物理的能力を有していない。

紛争の舞台となった国家の裁判所については、民族紛争が一方の当事者の勝利に終わった場合、勝利した側が犯した罪が、敗れた側の罪と比較して、公平に裁かれているかどうかという疑念が常に付きまとう。

同様に、第二の場である真相究明の委員会については、明らかにされた真実がどこまで事実を反映しているかという問題がある。

そもそも何の為の移行期正義であるかについて、考えなくてはならない。EU加盟や支援獲得の為の移行期正義ではない。民族紛争の文脈において考えるならば、移行期正義とは、民族紛争の再発防止の為に存在していなくてはならないのである。

民族紛争の再発を防ぐ為には

どのような民族紛争も、ひとたび終了した後にも、それが再発する危険性を有している。それは、本書所収の事例のうち、スリランカを除く全ての民族紛争において、その「前哨戦」があったことからも明らかである。クロアチアとボスニア、コソヴォでは第二次世界大戦中の内戦、ルワンダは独立前後の「社会革命」に伴う混乱とその後に繰り返されたトゥチ人の侵入、特に一九九〇年のルワンダ愛国戦線による侵攻、ナゴルノ・カラバフでは第一次世界大戦直後のアルメニア＝アゼルバイジャン戦争、キプロスでは一九六四年の内戦、である。スリランカでも民族紛争の発生前に、民族的少数派であるタミル人が何度も暴動を起こし、時に多数派のシンハラ人を殺害していた。

昨今の流行であるパワー・シェアリングが導入されても、民族紛争再発の可能性は存在する。ボスニアでは依然として不安定な国家運営が続いている。そもそも、ルワンダのアルーシャ協定は実現に至らなかったし、キプロスの一九六〇年憲法体制は崩壊した。

多民族的な国家の復興、安定した運営を行おうとすれば、各民族、特に民族的多数派の譲歩が必要である。しかし、民族的多数派が軍事的に一方的勝利を収めたスリランカやクロアチア、ルワンダが安定した国家運営を続けているという現実を前に、民族的多数派、特にそのエリートは「多数派の暴力」の誘惑に打ち克って、譲歩できるであろうか。彼らは、軍事的勝利によって安定した国家運営ができると予想されるのに、少数派に譲歩して不安定な国家運営を続けられるであろうか。当初譲歩するという決意をしたとしても、それを続けることができるであろうか。他方で、少数派の側も自民族中心の姿勢を抑えるように自重できるであろうか。

国際社会は、民主的な体制を紛争後の社会において建設しようとしている。それならば、民主的な憲法を導入すれば、民族紛争は解決するのだろうか。その答は「否」である。既に指摘しているように、民主的な体制においては、民族的多数派がその気になれば、自らの排他的支配に対して民主的正当性を備えることができるのである。こうした「民主主義のパラドクス」を如何に防ぐのだろうか。我々は、民主的な手続きによって民主的な体制が葬られるという、「民主主義の自殺」の事例すらも知っている。ワイマール共和国の悲劇である。

如何なる国家制度を導入しようと、結局のところ、多民族国家が、民族的多数派と少数派という亀裂の軸を超えて、如何に国民を形成していくかという問に直面せざるを得ないのである。グローバル化が進行し、国際関係における国民国家の位置が変化しつつあることは、誰もが認めることだろう。しかし他方で、国際関係における基本的なアクターが依然として国民国家であることは、少なくとも短期的、中期的には否定することができない。従って、二一世紀に生きる我々ではあるが、国民形成という、近代国際・国内政治におけるパラダイムに、改めて向き合わざるを得ないのである。

ここに、フランスの思想家、エルネスト・ルナンの有名な文章がある。

「国民とは、したがって、人々が過去においてなし、今後もなおなす用意のある犠牲の感情によって構成された大いなる連帯心なのです。それは過去を前提はします。だがそれは、一つの確かな事実によって現在のうちに要約されるものです。それは明確に表明された共同生活を続行しようとする合意であり、欲望です。個人の存在が生命の絶えざる肯定であると同じく、国民の存在は(この隠喩をお許しください)日々の人民投票[un plébiscite de tous les jours]なのです」(ルナンほか『国民とは何か』六二頁)。

当たり前のことだが、民族紛争を再発させない為には、民族的アイデンティティを超えた多民族的な国民的アイデンティティ、そしてそれに基づく国民意識の涵養と維持が為されなくてはならない。本書で指摘したように、民族紛争を発生させる構造、政治、経済、社会的な要因はある。しかしそれらに対処するだけでは十分ではない。エリート、民衆が一緒になって多民族的な国民的アイデンティティを内面化、更には社会化させることに向けて日々努力し続けること、これが、一見迂遠であるが、民族紛争の再発を防ぐ最善の道なのだろう。

あとがき

本書は目次からも分かるように、民族紛争の比較を試みている。その試みが成功しているかどうかは皆さんの判断に任せるとして、そもそも比較をするには、その素材に関する正確な情報が簡潔に整理されていることが前提である。多様な事例に関してそうした作業を行うことは、とても筆者の一人の手に負えるものではない。そこで、筆者自身の専門地域であるクロアチアとボスニアを除き、専門家の皆さんに事例に関する各章のチェックをお願いした。この場を借りて、お世話になった皆さんには御礼申し上げたい。松田哲さん、武内進一さん、立花優さん、村田奈々子さん、小山雅徳さんには、それぞれスリランカ、ルワンダ、ナゴルノ・カラバフ、キプロス、コソヴォについて御協力をいただいた。どうもありがとうございました。勿論、各章の内容に誤りがあった場合、それはいつに筆者の責任であることも付言しておく。

民族紛争の姿を描くには、研究室で資料を読むだけでなく、現地に赴く必要がある。そのことを、地域研究者は時々、「現地の空気を吸う」と表現する。本書で取り上げた事例のうち、筆者は、スリランカ、クロアチアとボスニア、キプロス、コソヴォの空気を吸ってきた。ナゴルノ・カラバフについては、その紛争当事国のアゼルバイジャンとアルメニアで現地調査を行った。残念ながら、ルワンダだけは未踏の地である。いずれ、ルワンダの空気も吸っておきたい。そのことは必ずや行間に現れるものであると思う。

さて、本書の企画は、新書編集部の小田野耕明さんと相談して成立したものである。小田野さんがその後に他の部署に移られた為に、編集作業は安田衛さんに引き継いでいただいた。お二人のお陰で、何とか完成まで辿り着くことができた。小田野さん、安田さん、どうもありがとうございました。

二〇一三年五月

月村太郎

なお、本書執筆の基礎を為す資料収集や外国調査に関わる研究費は、「民族紛争における地域大国の役割に関する比較研究」(科学研究費補助金・新学術領域(研究領域提案型)、研究課題番号二一一〇一五〇四、二〇〇九年度〜二〇一〇年度、研究代表者は月村太郎)、「グローバル化と暴力に関する政治学的研究」(科学研究費補助金・基盤研究(A)、研究課題番号二三二四三〇一九、二〇一一年度〜二〇一五年度、研究代表者は大串和雄)、「ユーゴ後継諸国の対外政策と国際関係に関する研究」(科学研究費補助金・基盤研究(B)、研究課題番号二四三三〇〇五七、二〇一二年度〜二〇一七年度、研究代表者は月村太郎)を始めとするいくつかの共同研究プロジェクトより補助を受けた。改めて御礼申し上げる。

Michael E. Brown, ed., *Ethnic Conflict and International Security*, Princeton University Press, 1993
Saideman, Stephen M., *The Ties That Divide: Ethnic Politics, Foreign Policy, and International Conflict*, Columbia University Press, 2001
Smith, Anthony D., *Nationalism*, Polity, 2010
Wallensteen, Peter, *Understanding Conflict Resolution*, SAGE, 2012

http://www.ide.go.jp/Japanese/Research/Region/Asia/Db/srilanka.html（IDE-JETRO，アジア動向データベース一覧「スリランカ」）

the 1974 Crisis, I. B. Tauris, 2008

Bercovich, Jacob, Victor Kremenyuk, and I. William Zartman, eds., *The SAGE Handbook of Conflict Resolution*, SAGE, 2009

Brown, Michael E., ed., *The International Dimensions of Internal Conflict*, The MIT Press, 1996

Collier, Paul, and Anke Hoeffler, and Nicholas Sambanis, "The Collier = Hoeffler Model of Civil War Onset and the Case Study Project Research Design," in Paul Collier and Nicholas Sambanis, eds., *Understanding Civil War, vol. 1: Africa*, The World Bank, 2005

Deutsch, Karl W., *Nationalism and Social Communication: An Inquiry into the Foundations of Nationality*, The MIT Press, 1953

Esman, Milton J., *An Introduction to Ethnic Conflict*, Polity, 2004

Hakki, Murat Metin, ed., *The Cyprus Issue: A Documentary History, 1878–2007*, I. B. Tauris, 2007

Horowitz, Donald L., *Ethnic Groups in Conflict*, University of California Press, 1985

Judah, Tim, *Kosovo: What Everyone Needs to Know*, Oxford University Press, 2008

Kaufman, Stuart J., *Modern Hatreds: The Symbolic Politics of Ethnic War*, Cornell University Press, 2001

Mann, Michael, *The Dark Side of Democracy: Explaining Ethnic Cleansing*, Cambridge University Press, 2004

O'Flynn, Ian, and David Russell, eds., *Power Sharing: New Challenges for Divided Societies*, Pluto Press, 2005

Perritt, Henry H., Jr., *The Road to Independence for Kosovo: A Chronicle of the Ahtisaari Plan*, Cambridge University Press, 2010

Pettifer, James, and Miranda Vickers, *The Albanian Question: Reshaping the Balkans*, I. B. Tauris, 2009

Posen, Barry, "The Security Dilemma and Ethnic Conflict," in

1998 年
廣瀬陽子『旧ソ連地域と紛争―石油・民族・テロをめぐる地政学』慶應義塾大学出版会，2005 年
藤原帰一，大芝亮，山田哲也編『平和構築・入門』有斐閣，2011 年
ブラウン，アーチー(小泉直美，角田安正訳)『ゴルバチョフ・ファクター』藤原書店，2008 年
ヘーガン，ジョン(本間さおり訳，坪内淳監修)『戦争犯罪を裁く―ハーグ国際戦犯法廷の挑戦(上)(下)』NHK 出版，2011 年
マクギンティー，ロジャー，アンドリュー・ウィリアムス(阿曽村邦昭訳)『紛争と開発』たちばな出版，2012 年
丸山敬一編『民族問題―現代のアポリア』ナカニシヤ出版，1997 年
村田奈々子『物語　近現代ギリシャの歴史―独立戦争からユーロ危機まで』中公新書，2012 年
最上敏樹『人道的介入―正義の武力行使はあるか』岩波新書，2001 年
望月康恵『移行期正義―国際社会における正義の追及』法律文化社，2012 年
吉村貴之『アルメニア近現代史―民族自決の果てに』東洋書店，2009 年
ラムズボサム，オリバー，トム・ウッドハウス，ヒュー・マイアル(宮本貴世訳)『現代世界の紛争解決学―予防・介入・平和構築の理論と実践』明石書店，2009 年
ルセサバギナ，ポール(堀川志野舞訳)『ホテル・ルワンダの男』ヴィレッジブックス，2009 年
ルナン，エルネストほか(鵜飼哲ほか訳)『国民とは何か』インスクリプト，1997 年
レイプハルト，アーレンド(内山秀夫訳)『多元社会のデモクラシー』三一書房，1979 年

Asmussen, Jan, *Cyprus at War: Diplomacy and Conflict during*

2003年
香西茂『国連の平和維持活動』有斐閣，1991年
桜井万里子編『ギリシア史』山川出版社，2005年
佐藤章編『統治者と国家——アフリカの個人支配再考』アジア経済研究所，2007年
佐原徹哉『ボスニア内戦——グローバリゼーションとカオスの民族化』有志舎，2008年
塩川伸明『民族とネイション——ナショナリズムという難問』岩波新書，2008年
篠田英朗『平和構築と法の支配——国際平和活動の理論的・機能的分析』創文社，2003年
柴宜弘『ユーゴスラヴィア現代史』岩波新書，1996年
タイラー，スコット（佐原徹哉訳）『アメリカの正義の裏側——コソヴォ紛争その後』平凡社，2004年
武内進一『現代アフリカの紛争と国家——ポストコロニアル家産制国家とルワンダ・ジェノサイド』明石書店，2009年
月村太郎『ユーゴ内戦——政治リーダーと民族主義』東京大学出版会，2006年
月村太郎「エスニック紛争の構図——発生，激化・拡大，予防・解決」『同志社政策研究』第4号，2010年
月村太郎編『民族紛争の構図』晃洋書房，2013年
土山實男『安全保障の国際政治学——焦りと傲り』有斐閣，2004年
富樫耕介『コーカサス——戦争と平和の狭間にある地域』東洋書店，2012年
ドイッチ，モートン（杉田千鶴子訳）『紛争解決の心理学』ミネルヴァ書房，1995年
永田雄三編『西アジア史II イラン，トルコ』山川出版社，2002年
パワー，サマンサ（星野尚美訳）『集団人間破壊の時代——平和維持活動の現実と市民の役割』ミネルヴァ書房，2010年
ハンチントン，サミュエル（坪郷実，藪野祐三，中道寿一訳）『第三の波——20世紀後半の民主化』三嶺書房，1995年
ハンチントン，サミュエル（鈴木主税訳）『文明の衝突』集英社，

参考文献

アンダーソン，ベネディクト(白石隆，白石さや訳)『定本 想像の共同体――ナショナリズムの起源と流行』書籍工房早山，2007年

アンダーソン，ジョージ(新川敏光監訳，城戸英樹，辻由希，岡田健太郎訳)『連邦制入門』関西学院大学出版会，2010年

石田勇治，武内進一編『ジェノサイドと現代世界』勉誠出版，2011年

上杉勇司，藤重博美，吉崎知典編『平和構築における治安部門改革』国際書院，2012年

大島直政『複合民族国家キプロスの悲劇』新潮社，1986年

大渕憲一編『葛藤と紛争の社会心理学――対立を生きる人間のこころと行動』北大路書房，2008年

押村高『国際政治思想――生存・秩序・正義』勁草書房，2010年

長有紀枝『スレブレニツァ――あるジェノサイドをめぐる考察』東信堂，2009年

辛島昇編『南アジア史』山川出版社，2004年

カルドー，メアリー(山本武彦，渡部正樹訳)『新戦争論――グローバル時代の組織的暴力』岩波書店，2003年

川島耕司『スリランカと民族――シンハラ・ナショナリズムの形成とマイノリティ集団』明石書店，2006年

キムリッカ，ウィル(千葉眞，岡崎晴輝訳者代表)『新版　現代政治理論』日本経済評論社，2005年

久保慶一『引き裂かれた国家――旧ユーゴ地域の民主化と民族問題』有信堂高文社，2003年

クロッグ，リチャード(高久暁訳)『ギリシャの歴史』創土社，2004年

コリアー，ポール(中谷和男訳)『最底辺の10億人――最も貧しい国々のために本当になすべきことは何か？』日経BP社，2008年

ゴーレイヴィッチ，フィリップ(柳下毅一郎訳)『ジェノサイドの丘――ルワンダ虐殺の隠された真実(上)(下)』WAVE出版，

月村太郎

1959年生まれ
1983年東京大学法学部卒業
同大助手，神戸大学助教授，教授などを経て，
現在―同志社大学政策学部教授
専攻―地域紛争，国際政治史
著書―『ユーゴ内戦―政治リーダーと民族主義』(東京大学出版会，2006年)
『オーストリア＝ハンガリーと少数民族問題―クロアティア人・セルビア人連合成立史』(同，1994年)
編著―『地域紛争の構図』(晃洋書房，2013年) ほか

民族紛争　　岩波新書(新赤版)1431

2013年6月20日　第1刷発行

著　者　月村太郎《つきむらたろう》

発行者　岡本　厚

発行所　株式会社 岩波書店
〒101-8002 東京都千代田区一ツ橋2-5-5
案内 03-5210-4000　販売部 03-5210-4111
http://www.iwanami.co.jp/

新書編集部 03-5210-4054
http://www.iwanamishinsho.com/

印刷・三陽社　カバー・半七印刷　製本・中永製本

ISBN 978-4-00-431431-8　　Printed in Japan

岩波新書新赤版一〇〇〇点に際して

ひとつの時代が終わったと言われて久しい。だが、その先にいかなる時代を展望するのか、私たちはその輪郭すら描きえていない。二〇世紀から持ち越した課題の多くは、未だ解決の緒を見つけることのできないままであり、二一世紀が新たに招きよせた問題も少なくない。グローバル資本主義の浸透、憎悪の連鎖、暴力の応酬――世界は混沌として深い不安の只中にある。

現代社会においては変化が常態となり、速さと新しさに絶対的な価値が与えられた。消費社会の深化と情報技術の革命は、種々の境界を無くし、人々の生活やコミュニケーションの様式を根底から変容させてきた。ライフスタイルは多様化し、一面では個人の生き方をそれぞれが選びとる時代が始まっている。同時に、新たな格差が生まれ、様々な次元での亀裂や分断が深まっている。社会や歴史に対する意識が揺らぎ、普遍的な理念に対する根本的な懐疑や、現実を変えることへの無力感がひそかに根を張りつつある。そして生きることに誰もが困難を覚える時代が到来している。

しかし、日常生活のそれぞれの場で、自由と民主主義を獲得し実践することを通じて、私たち自身がそうした閉塞を乗り超え、希望の時代の幕開けを告げてゆくことは不可能ではあるまい。そのために、いま求められていること――それは、個と個の間で開かれた対話を積み重ねながら、人間らしく生きることの条件について一人ひとりが粘り強く思考することではないか。その営みの糧となるものが、教養に外ならないと私たちは考える。歴史とは何か、よく生きるとはいかなることか、世界そして人間はどこへ向かうべきなのか――こうした根源的な問いとの格闘が、文化と知の厚みを作り出し、個人と社会を支える基盤としての教養となった。まさにそのような教養への道案内こそ、岩波新書が創刊以来、追求してきたことである。

岩波新書は、日中戦争下の一九三八年一一月に赤版として創刊された。創刊の辞は、道義の精神に則らない日本の行動を憂慮し、批判的精神と良心的行動の欠如を戒めつつ、現代人の現代的教養を刊行の目的とする、と謳っている。以後、青版、黄版、新赤版と装いを改めながら、合計二五〇〇点余りを世に問うてきた。そして、いままた新赤版が一〇〇〇点を迎えたのを機に、人間の理性と良心への信頼を再確認し、それに裏打ちされた文化を培っていく決意を込めて、新しい装丁のもとに再出発したいと思う。一冊一冊から吹き出す新風が一人でも多くの読者の許に届くこと、そして希望ある時代への想像力を豊かにかき立てることを切に願う。

（二〇〇六年四月）